Edition Cleverbook

Märchenwelt 2

Verlag 66

Impressum

1. Auflage 2005

A-3300 Amstetten, www.verlag66.at

Idee & Konzeption:
Reinhard Wanzenböck
Die Ausarbeitung erfolgte in Zusammenarbeit mit dem
Zentrum für Interkulturelles Lernen und Bilingualität Wien,
Susannah Bständig, Marianne Seidl

Übersetzung:
Pearl Nitsche (Englisch), Manuela Nikolic-Stanojevic
(Serbisch), Selma Bozalan (Türkisch)

Illustration: Rosemarie König

Layout, Grafik & Repro: IGG GmbH, A-3300 Amstetten,
www.igg.at

ISBN 3-902211-24-5

clever book

Märchen Welt

in 4 Sprachen 2

Fairyland

Svet bajki / Svijet bajki

Masal dünyası

VERLAG 66

clever book

Inhaltsverzeichnis

Einleitung

Die Edition Cleverbook

ist eine neuartige Buchreihe im Verlag 66 mit der Intention, die unterschiedlichen Sprachen, Kulturen und Länder Europas im Sinne der Förderung des interkulturellen Verständnisses und der Unterstützung des bilingualen Unterrichts an Bildungseinrichtungen Lernenden und Lehrenden näher zu bringen.

Intention der Herausgeber

„Märchenwelt 2 in Deutsch, Englisch, Serbisch und Türkisch" entstand in enger Zusammenarbeit mit Pädagogen des „Zentrums für Interkulturelles Lernen, Bilingualität und Schulentwicklung", Wien mit dem Ziel, eine Deutsch-Lernhilfe für Kinder und auch Erwachsene aus dem türkischen und bosnisch-kroatisch-serbischen („BKS") Sprachraum zu entwickeln.
Setzt man neben Deutsch auch Englisch als Brückensprache im Unterricht ein, so dient dieses Buch in besonderer Weise der interkulturellen Kommunikation zwischen den Lernenden und fördert den bilingualen Spracherwerb - gleichermaßen bei Schülern mit oder ohne deutsche Muttersprache.
„Märchenwelt 2" hat somit das Ziel, Kinder wie Erwachsene unterschiedlicher Kulturen, Sprachen und Nationen durch die vielgliedrige Verkettung von multikulturellem Verständnis, Toleranz, Integration und sozialer Kompetenz in ihrer gemeinsamen mehrsprachigen Entwicklung zu fördern.

VERLAG 66

Wissenswertes zur Übersetzung

In den letzten Jahrzehnten haben sich die nationalen Sprachen des ehemaligen Jugoslawiens vom einheitlichen Serbokroatisch schrittweise weiterentwickelt, so dass bei der Übersetzung dieses Buches mit besonderer Sorgfalt vorgegangen wurde. Übersetzer und Verlagsredaktion waren bei der Zusammenstellungen dieses Buches stets bemüht, der divergierenden Entwicklung der BKS-Sprachen im notwendigen Ausmaß Rechnung zu tragen, wobei es nicht Intention dieses Buches ist, unterschiedliche sprachwissenschaftliche Ansichten und Betrachtungsweisen einander gegenüber zu stellen.

Unter Berücksichtigung der kulturellen und nationalen Sensibilität von Kindern mit nicht deutscher Muttersprache wurden die meisten Märchen in serbischer Sprache gehalten. Serbisch aber auch deshalb, weil der berühmte Märchensammler Vuk Stefanović Karadžić im 19. Jahrhundert die Märchen in altserbischer Sprache niedergeschrieben hat und weil daher auch die meisten Erzählungen in dieser Sprache bei Kindern und Erwachsenen aus dem ehemaligen Jugoslawien beliebt und bekannt sind. Die Verständlichkeit der Texte für bosnische oder kroatische Leser wird durch diese Reduktion lediglich minimal eingeschränkt, was sich aber zu Gunsten der leichteren Handhabung dieses Buches im praktischen Einsatz auswirkt. Auf die sprachlichen Unterschiede wird im Vokabelteil gezielt aufmerksam gemacht.

Dieses Buch beinhaltet Originaltexte ebenso wie Übersetzungen auf unterschiedlichen Sprachniveaus, meist unter Berücksichtigung moderner Schreibweisen. Der Pädagoge hat dadurch die Möglichkeit, mit seinen Schülern einerseits literarisch ausgerichtete Texte zu erarbeiten, anderseits Märchen in zeitgemäßer Diktion zur Lese- und Lernmotivation einzusetzen.

Brücken zur Integration

Die literarische Gattung Märchen eignet sich hervorragend, um die Intention des Buches an den Leser zu transportieren. Märchen sind zeitlos und reflektieren in ihren Werten gesellschaftliche

Ideale. Sie sind tradiertes Volksgut, ihre moralisierende Dramatik fasziniert Jung und Alt über alle Zeiten, Nationen und Kulturen hinweg - Märchen können daher mit Recht als „Brücken zur Integration“ bezeichnet werden.

Speziell im orientalischen Raum hat das Märchen eine lange Tradition, galt es doch früher auch als zeit- und gesellschaftskritisches Stilmittel. In der Türkei hat das Märchen nicht nur eine moralisierende Aufgabe, es dient auch der kurzweiligen Unterhaltung. Noch zu Beginn des Telekommunikations-Zeitalters reisten Märchenerzähler durchs ganze Land, Märchen galten als kostbar und konnten auch käuflich erstanden werden. Ein besonderes Element des türkischen Märchens ist das Tekerleme, der ausladende Anfang eines Märchens, oft eine Aneinanderreihung von spielerischem Unsinn, mal witzig, mal tiefgründig.

Über das Buch

Die Auswahl der Märchentexte berücksichtigt einerseits international bekannte, andererseits aber auch national beliebte Märchen, um damit den Lernenden durch Eingehen auf seine sprachliche Sensibilität und kulturelle Herkunft konstruktiv in seiner bilingualen Entwicklung zu fördern.

Die Übersetzung der Texte ins Englische, Serbische und Türkische erfolgte jeweils durch anerkannte Nativespeaker, die als Pädagogen an heimischen Pflichtschulen im mehrsprachigen Unterricht sowie in der Lehrerfortbildung tätig sind.

Die Arbeit mit Sprache unterliegt stets dem persönlichen Ansatz des jeweiligen Bearbeiters und ist oft schnell so mancher Kritik ausgesetzt. Meist ist Kritik aber Auslöser von Verbesserungen. Wir möchten daher interessierte Pädagogen, Didaktiker und Sprachwissenschaftler dazu aufrufen, uns Vorschläge, Anregungen und Erfahrungen aus Theorie und Praxis mitzuteilen. Inputs, Impulse und Resonanzen, die Basis für künftige Projekte sein sollen. Schließlich soll es ja unser gemeinsames Ziel sein, einen konstruktiven Beitrag zur kulturellen und damit auch zur sozialen Integration von Mitmenschen mit nichtdeutscher Muttersprache zu liefern.

VERLAG 66

Das Schloss zwischen Himmel und Erde

Es war einmal ein Kaiser, der drei Söhne und eine Tochter hatte. Das Mädchen hatte er in einen Käfig gesperrt und behielt sie immer sehr gut im Auge. Als sie zu einer jungen Frau herangewachsen war, bat sie ihren Vater, ihr zu erlauben, mit ihren Brüdern ein wenig vor dem Schloss spazieren gehen zu dürfen. Der Vater willigte ein. Doch kaum war sie draußen, kam plötzlich ein Drache vom Himmel geflogen, schnappte das Mädchen und entführte sie in die Wolken. Die Brüder liefen so schnell wie sie konnten zum Vater und erzählten ihm, was passiert war.

Bitte umblättern!

A Castle between the Heavens and the Earth

Once upon a time there lived an emperor, who had three sons and one daughter. He had the girl locked up in a cage and always kept an eye on her. As she grew to be a young woman, she asked her father to allow her to take a walk with her brothers outside the castle. Her father agreed. But the moment she stepped outside, a dragon flew by, kidnapped the girl and disappeared with her into the clouds. Her brothers ran as fast as they could to tell their father what had happened.

Please turn page!

Čardak ni na nebu ni na zemlji

Bio jednom jedan car pa imao tri sina i jednu kćer, koju je u kafezu hranio i čuvao kao oči u glavi. Kad đevojka odraste, jedno veče zamoli se ocu svome da joj dopusti da iziđe s braćom malo pred dvor, u šetnju, i otac joj dopusti. Ali tek što iziđe pred dvor, u jedan mah doleti iz neba zmaj, ščepa đevojku između braće i odnese je u oblake. Braća otrče brže-bolje k ocu i kažu mu šta je bilo,

Okrenite stranicu!

Yerle gök arasındaki saray

Bir zamanlar bir oğlu, bir de kızı olan bir kral varmış. Kızını parmaklıkların arasına kilitleyip hep kontrolü altında tutarmış. Kızı, genç bir kız olduğunda babasına, erkek kardeşleriyle beraber sarayın bahçesinde biraz dolaşmak istediğini söylemiş. Babası da izin vermiş. Kız tam dışarı çıktığında gökten bir canavar inmiş ve onu alıp bulutların üstüne çıkarmış.
Erkek kardeşleri hemen babalarına gitmişler ve durumu anlatmışlar.

Sayfayı çevir!

Das Schloss zwischen Himmel und Erde

Sie machten sich große Sorgen über ihr Mädchen, und so baten sie den Vater, ihre Schwester suchen zu dürfen. Der Vater erlaubte es ihnen und gab jedem ein Pferd und alles Notwendige für die Reise.
Nach einer langen Reise gelangten sie zu einem Schloss zwischen Himmel und Erde, wo sie ihre Schwester vermuteten. Sie begannen nachzudenken, wie sie am besten in das Schloss gelangen könnten. Nach langem Überlegen kamen sie zum Entschluss, dass einer von ihnen sein Pferd schlachten könnte, um von dessen Haut einen Lederriemen herzustellen. Diesen wollten sie an einem Pfeil befestigen, mit dem Bogen ins Schloss hinauf schießen und daran empor klettern.

Bitte umblättern!

A Castle between the Heavens and the Earth

They were very worried about their sister and asked their father for permission to look for her. He agreed and gave each of his sons a horse and everything they needed for their journey.
After travelling for a long time, they came to a castle between the heavens and the earth, where they thought they might find their sister. Now they had to find a way to get into the castle. They decided that one of them would have to kill his horse. From the horse's skin they could then make a leather strap which they would tie to an arrow and shoot it up to the castle. Then they would be able to climb up the strap.

Please turn page!

Čardak ni na nebu ni na zemlji

i reku da bi oni radi svoju sestru potražiti. Otac im dopusti da idu da je traže, i da im svakome po konja i ostalo što treba za put, i tako oni otidu. Po dugome puto vanju naiđu na jedan čardak koji niti je na nebu ni na zemlji.
Došavši onđe, pomisle da neće u onome čardaku biti njihova sestra, pa se odmah stanu dogovarati kako bi se u nj popeli, i poslije dugoga promišljavanja i dogovora, dogovore se da jedan od njih svoga konja zakolje i od kože konj-ske da okroje oputu, pa pritvrdivši jedan kraj od nje za strijelu, da puste odozdo strijelu iz luka da se dobro za čardak prihvati, kako bi se uz nju peti mogli.

Okrenite stranicu!

Kızkardeşlerinin başına ne geldiğini çok merak ediyorlarmış. Onu aramak için babalarından izin istemişler. Babaları izin vermiş, ayrıca her birine birer at ve seyahat etmeleri için gerekli olan ne varsa vermiş. Uzun bir yolculuktan sonra kızkardeşlerini bulabileceklerini tahmin ettikleri yer ile gök arasındaki saraya gelmişler. Saraya nasıl girebileceklerini düşünmeye başlamışlar. Sonunda atlardan birini kesip onun derisinden kalınca bir ip yapmaya karar vermişler.
Bu ipi bir okun ucuna bağlayıp yay ile yukarı atarak tepeye tırmanmayı düşünmüşler.

Sayfayı çevir!

Die beiden jüngeren Brüder schlugen dem Ältesten vor, er solle sein Pferd schlachten. Doch weder er noch der mittlere Bruder stimmten dem zu, woraufhin der Jüngste sein Pferd schlachtete. Nun stellte er einen Riemen her, befestigte ein Ende am Pfeil und schoss ihn mit dem Bogen zum Schloss hinauf. Das Seil hielt, doch die drei Brüder konnten sich nicht einigen, wer von ihnen zum Schloss hinaufklettern sollte. Es war wieder der jüngste, der schließlich den Mut dazu aufbrachte.
Oben angekommen, fand er niemanden vor und so ging er von einem Zimmer zum anderen bis er schließlich seine Schwester fand. Ein schlafender Drache hatte seinen Kopf in ihren Schoß gelegt und ließ sich von ihr kraulen.
Als das Mädchen ihren Bruder erblickte, flehte sie ihn an, wegzulaufen, bevor der Drache aufwachte. Doch ihr Bruder hörte nicht auf sie, nahm eine Keule und schlug dem Drachen damit auf den Kopf.

Bitte umblättern!

A Castle between the Heavens and the Earth

The two youngest brothers suggested that the oldest brother kill his horse. But he didn't think that this was a good idea, so the youngest of them killed his horse. After making a leather strap,

he tied it to an arrow and shot it up to the castle. The strap was safe, but the three brothers couldn't decide which one of them should climb up. Again, it was the youngest of them who was brave enough to do it.
When he reached the top, he couldn't see anyone, so he went from one room to the next until he finally found his dear sister. The sleeping dragon had its head lying on his sister's lap and was being petted by the girl.
As soon as she saw her brother, she begged him to escape before the dragon awoke. But the young man didn't listen to her. He took his mace and hit the dragon on its head.

Please turn page!

Čardak ni na nebu ni na zemlji

Mlađa dva brata reku najstarijemu da on svoga konja zakolje, ali on ne šćedne, pa ni srednji ne šćedne, onda najmlađi zakolje svoga, od kože njegove okroji oputu, jedan kraj od nje veže za strijelu pak je pusti iz luka u čardak. Kad dođe da se penje uz oputu, opet najstariji i srednji ne šćednu se peti, nego se popne najmlađi.
Popevši se gore, stane ići iz jedne sobe u drugu, i tako naiđe na jednu sobu u kojoj vidi svoju sestru đe sjedi a zmaj joj metnuo glavu na krilo pa spava, a ona ga bište. Ona kad vide brata svojega uplaši se i počne ga tiho moliti da bježi dok se nije zmaj probudio, ali on ne šćedne, već uzme buzdovan pa zamahne njime i udari zmaja u glavu,

Okrenite stranicu!

Yerle gök arasındaki saray

İki küçük kardeş ağabeylerine onun atını kesmeyi teklif etmişler ama ağabeyi kabul etmemiş. Ortanca da atının kesilmesini kabul etmeyince en küçük oğlan kendi atını kesmiş. Onun derisinden bir ip yapıp okun ucuna bağlamış ve yukarıya doğru atmış ve ipin yukarda takılı kalmış. Üç kardeş kimin tırmanacağına bir türlü karar verememişler. Sonunda en küçük kardeş cesaretini toplayıp tırmanmış. Yukarı çıktığında kimseyi bulamamış.
Bir odadan diğerine koşmuş, sonunda kardeşini bulmuş. Ama uyuyan bir canavar başını kızın kucağına koymuş, kız da onu yavaşça okşuyormuş. Erkek kardeşini karşısında görünce ona canavar uyanmadan kaçması için yalvarmış. Kardeşi onu dinlememiş. Eline kocaman bir sopa alıp canavarın kafasına indirmiş.

Sayfayý çevir!

Der Drache erwachte aus seinem Traum, berührte die getroffene Stelle, und sagte zu dem Mädchen. „Genau hier hat mich etwas gebissen!“

Kaum hatte er das gesagt, schlug der Bruder nochmals zu. Da sprach der Drache wiederum zu dem Mädchen: „Schon wieder hat mich da etwas gebissen!“ Als der Bruder nun zum dritten Mal zu einem Schlag ausholte, sagte ihm seine Schwester, er solle den Drachen in den Bauch schlagen. Das tat er auch und der Drache war auf der Stelle tot. Die Schwester schob den Kopf des toten Untiers zur Seite, lief zu ihrem Bruder, küsste ihn und führte ihn an der Hand durch alle Zimmer des Schlosses.

Zuerst brachte sie ihn in ein Zimmer, wo ein mit prächtigem Silberschmuck gesatteltes, schwarzes Pferd an einen Futtertrog gebunden war. Danach gingen sie in ein anderes Zimmer mit einem weißen Pferd und goldenem Sattel. Schließlich kamen sie zu einem Zimmer, wo ein graues Pferd, mit wertvollen Steinen geschmückt, stand.

Bitte umblättern!

The dragon awoke from its sleep, touched its head and said to the girl, “Something just bit me here!”

The moment he said these words, the young brother hauled out his mace and hit the dragon’s head again. The dragon said to the girl, “Something just bit me again!” As the young man hauled out for the third time, his sister told him to hit the dragon’s stomach. He did and the dragon was dead within an instant. The girl moved the head of the dead beast to the side, ran to her brother, kissed him and then led him through all the rooms in the castle.

First they entered a room where they saw a black horse, saddled with beautiful silver, and tied to its feeding trough. In the next room there was a white horse with a saddle made of pure gold. Finally they came to a room, where they saw a gray horse that was decorated all over with diamonds.

Please turn page!

Čardak ni na nebu ni na zemlji

a zmaj iza sna maši se rukom na ono mjesto đe ga je on udario pa reče đevojci:
Baš ovđe me nešto ujede.
Kad on to rekne, a carev ga sin još jednom udari u glavu, a zmaj opet reče đevojci:
Opet me nešto ovđe ujede.
Kad on i treći put zamahne da ga udari, onda mu sestra rukom pokaže da ga udari u život, i on ga udari onamo, i kako ga udari, zmaj ostane na mjestu mrtav, a careva ga kći sturi s krila pa pritrči bratu svome te se s njime poljubi,
pa onda uzevši ga za ruku, stane ga voditi kroz sve sobe. Najprije ga uvede u jednu sobu u kojoj je bio jedan vran konj za jaslima privezan s cijelijem taku-mom od čistoga srebra. Potom ga odvede u drugu sobu, u kojoj je za jaslima stajao bijel konj s takumom od suhog zlata. Najposlije ga odvede i u treću sobu đe je za jaslima bio kulatast konj i na njemu takum dragijem kamenjem iskićen.

Okrenite stranicu!

Yerle gök arasındaki saray

Canavar uyanıp kafasını tutmuş, ve kıza,
“İşte tam şurasını bir şey ısırdı”, demiş. Bunu söyler söylemez oğlan bir daha canavarın kafasına vurmuş.
Canavar yine, “İşte şurasını yine bir şey ısırdı” demiş.
Erkek kardeşi üçüncü defa vura-cakken kızkardeşi ona, “Canavarın karnına vurman gerek”, demiş. O da vurmuş ve canavar hemen orada ölüvermiş.
Kız ölen canavarın kafasını bir ke-nara itip hemen kardeşine koşmuş, sarılıp öpmüş. Sonra birlikte sarayın bütün odalarını dolaşmışlar. Bir odada gümüş eğeri olan güzel bir at görmüşler.

Sayfayı çevir!

Es folgte ein Raum, wo ein junges Mädchen am Stickrahmen saß und stickte, im nächsten Raum spann ein anderes Mädchen goldene Fäden. Zuletzt gelangten sie in ein Zimmer, wo ein drittes Mädchen Perlen auffädelte. Vor diesem saß in einem goldenen Geschirr eine goldene Henne mit ihren goldenen Kücken, die die Perlen aufpickte. Nachdem sie alle Zimmer besichtigt hatten, gingen die beiden Geschwister in jenes Zimmer zurück, wo der tote Drache lag. Sie zerrten ihn hinaus und warfen ihn aus dem Schloss. Als die älteren Brüder ihn sahen, erschraken sie. Nun ließ der jüngste Bruder zuerst seine Schwester und dann die drei befreiten Mädchen, eine nach der anderen, an dem Seil hinunter. Währenddessen überlegte er, welches Mädchen er wohl mit einem seiner Brüder verheiraten sollte, er selbst entschied sich für jenes mit der goldenen Henne. Doch die beiden älteren Brüder waren voller Neid, weil gerade der Jüngste die Schwester gefunden hatte und durchschnitten den Riemen, sodass er sich von der Mauer des Schlosses nicht mehr abseilen konnte. Sie ließen ihn alleine zurück und machten sich zusammen mit ihrer Schwester und den drei Mädchen auf den Heimweg.

Bitte umblättern!

The girl took her brother to another room, where he saw a girl sitting at a frame, embroidering. In the next room he saw a girl spinning golden threads. And in the last room they went to, there was a third girl making necklaces out of pearls. In front of her, there was a golden hen sitting in a golden dish, surrounded by her golden chicks. They were all pecking at the pearls lying on the floor.

After they had seen all of the rooms in the castle, the brother and his sister went back to the room where the dead dragon was lying on the floor. They carried him outside and threw him off the castle in the sky. The older brothers, who were watching from below, were startled by this sight. The youngest brother first helped his sister to climb down the leather strap and then he rescued all the other girls and helped them down the strap as well. In the meantime, he considered which of the girls his brothers should marry. He, himself, decided he would marry the girl with the golden hen. But his brothers were full of jealousy because the youngest of them had rescued their sister, so they cut the leather strap and their brother couldn't get off the castle anymore. They left him there alone and, together with their sister and the three other girls, rode back home.

Please turn page!

Kad prođe te sobe, onda ga sestra odvede u jednu sobu u kojoj je đevojka jedna sjedila za zlatnijem đerđefom i zlatnom žicom vezla.
Iz te sobe odvede ga u drugu, u kojoj je druga đevojka zlatne žice ispredala. A najposlije uvede ga u jednu sobu u kojoj je treća đevojka biser nizala, i pred njom na zlatnoj tepsiji od zlata kvočka s pilićima biser kljucala. Sve ovo obišavši i viđevši, vrati se natrag u onu sobu đe je zmaj mrtav
ležao pa ga izvuče napolje i baci na zemlju, a braća kad ga vide, umalo ih groznica ne uhvati. Potom najmlađi brat spusti najprije sestru svoju braći, pa onda sve tri đevojke svaku s njezinijem radom, jednu za drugom; spuštajući đevojke braći, svaku je namjenjivao čija će koja biti, a kad spusti treću, i to onu s kvočkom i pilićima, on nju za sebe namijeni. Braća njegova zavideći mu što je bio junak te je sestru našao i izbavio, presijeku oputu da on ne bi mogao sići,

Okrenite stranicu!

Sonra başka bir odaya geçmişler, orada da altın eğeri olan beyaz bir at görmüşler. Daha sonra başka bir odaya girmişler, orada ise eğeri çok değerli taşlarla süslü gri bir at duruyormuş. Biraz sonra elinde kasnakla iş işleyen genç bir kızı, diğer bir odada da altın iplik eğiren bir kız görmüşler. Son odada inci dizen bir kız varmış. Bu kızın önünde altın bir kap içinden inci taneleri yiyen altından bir tavuk ve civciv duruyormuş. Bütün odaları gezdikten sonra iki kardeş ölü canavarın olduğu odaya gelmişler. Onu dışarı sürükleyip saraydan atmışlar.
Büyük ağabeyleri bunu gördüklerinde çok korkmuşlar. Önce kız kardeşini kurtaran en küçük erkek kardeşleri, daha sonra da diğer üç kızı kurtarmış. Hepsi peş peşe ipe tutunarak aşağı inmişler. Bu arada en küçük kardeş ağabeylerinin bu kızlardan hangileriyle evleneceğini düşünüyormuş.
Kendisi altın tavuğu almayı düşünmüş. Ama diğer iki erkek kardeş çok kıskançmışlar. Çünkü kız kardeşlerini kendileri değil de en küçük erkek kardeş kurtarmış. O saraydan aşağı inemesin diye ipi kesmişler. Kız kardeşlerini ve diğer kızları alıp gitmişler.

Sayfayı çevir!

Das Schloss zwischen Himmel und Erde

A Castle between the Heavens and the Earth

DEUTSCH

Auf einem Feld trafen sie auf einen Schafhirten und gaben ihm die Kleidung des zurückgelassenen Bruders, um ihn so verkleidet an Stelle des jüngsten Bruders dem Vater vorzuführen. Der Schwester und den drei anderen Mädchen befahlen sie, nichts von alledem dem Vater zu erzählen.

Bald nach ihrer feierlichen Rückkehr wurden die Hochzeiten der beiden Brüder und des Hirten vorbereitet. Auf wunderbare Weise hatte der jüngste Bruder, der noch immer alleine im Schloss zwischen Himmel und Erde festsaß, von den geplanten Hochzeiten erfahren. Darüber verärgert bestieg er am Tage der Hochzeit seines ältesten Bruders das weiße, mit Silber geschmückte Pferd und ritt so schnell er konnte zu jener Kirche, wo die Trauung stattfinden sollte. In dem Moment, wo die Gäste die Kirche verließen, nahm er seine Keule, schlug damit auf seinen Bruder so kräftig ein, dass dieser vom Pferd fiel.

Bitte umblättern!

ENGLISCH

On their way, they met a young shepherd in a field and gave him their youngest brother's clothes. This way their father wouldn't know that one of his sons was missing. They also told the girls and their sister not to say a single word of what had happened. Soon after they had arrived home, the weddings for the two brothers and the shepherd were planned. But (we will never know how this happened) the youngest brother, who was still a prisoner in the castle between the heavens and the earth, found out about the wedding plans. He was very angry about this and the day his oldest brother was to get married, he jumped on the silver saddle of the white horse and rode as fast as he could to the chapel where the wedding was to take place.

The moment all the guests walked out of the chapel, the young brother took his mace and hit his brother so hard, that he fell off his horse.

Please turn page!

pa onda nađu u polju jedno čobanče kod ovaca i preobuku ga i mjesto brata svoga ocu povedu, a sestri svojoj i đevojkama oštro zaprijete da nikome ne kazuju šta su oni učinili.
Poslije nekoga vremena dozna najmlađi brat na čardaku da se braća njegova i ono čobanče onijem đevojkama žene. Onaj isti dan u koji se najstariji brat vjenčavao on uzjaše na vranca pa baš kad su svatovi iz crkve izlazili, doleti među njih te svoga brata mladoženju udari malo buzdovanom u leđa da se odmah s konja premetnuo, pa onda odleti opet natrag u čardak. Kad dozna da mu se srednji brat ženi, a on u ono isto vrijeme kad su svatovi iz crkve išli doleti na đogatu te i srednjega brata onako udari da se odmah s konja premetnuo, pa između svatova opet odleti. Napošljetku doznavši da se čobanče njegovom đevojkom ženi, uzjaše na kulaša i doleti u svatove baš kad su iz crkve izlazili, te mladoženju buzdovanom udari u glavu da je na mjesto

Okrenite stranicu!

Bir tarladan geçerken rastladıkları bir çobana erkek kardeşlerinin elbiselerini giydirmişler. Böylece çobanı babalarına sanki kardeşleriymiş gibi göstermeyi planlamışlar. Kız kardeşlerine ve diğer üç kıza da bir şey söylememelerini tembih etmişler. Geri dönüşleri neşe ile kutlanmış ve düğün hazırlıkları başlamış. Ama sarayda bıraktıkları küçük kardeşlerinin bu hazırlıklardan haberi olmuş. Kızgın bir şekilde gümüşlerle süslü beyaz ata binerek düğünün yapılacağı kiliseye gelmiş. Misafirler tam kiliseden çıkarken sopasıyla ağabeyinin kafasına vurmuş ve sonra hızla saraya geri dönmüş.

Sayfayı çevir!

So schnell wie er gekommen war, verschwand der jüngste Bruder in Richtung seines Schlosses zwischen Himmel und Erde.
Am Tage der Hochzeit des mittleren Bruders bestieg der jüngste das weiße, gold geschmückte Pferd, erschien wiederum bei der Hochzeit, schlug den Bräutigam nieder und verschwand erneut so plötzlich, wie er erschienen war. Schließlich kam der Tag, an dem der als Königssohn verkleidete Hirte jenes Mädchen heiraten sollte, das dem jüngsten der drei Brüder bestimmt war. Diesmal erschien der jüngste Bruder auf dem grauen, mit Edelsteinen geschmückten Pferd, und tötete den Bräutigam. Doch den anwesenden Gästen gelang es, den jüngsten Bruder an der Flucht zu hindern, und hielten ihn fest. Er musste die wahre Geschichte erzählen und konnte so alle davon überzeugen, dass er der richtige Sohn war. Sein Vater, der Kaiser, erfuhr davon und vertrieb seine beiden älteren Söhne zur Strafe aus seinem Reich. Den jüngsten aber verheiratete er mit jenem Mädchen, das sich dieser ausgesucht hatte, und hinterließ seinem tapferen Sohn den Thron seines Reiches.

Ende

He then disappeared again as fast as had come to return to the castle between the heavens and the earth.
On the day the second brother was to get married, the youngest brother jumped on the white horse with the golden saddle, rode to the chapel where the wedding was to take place, hit his brother so hard that he also fell off his horse and disappeared again as quickly as he had appeared to the castle between the heavens and the earth.
Finally the day came, when the shepherd, disguised as the youngest brother, was to marry the girl with the golden hen. This time the youngest brother appeared on the gray horse decorated with diamonds and killed the groom. But the wedding guests managed to keep him from escaping. And so the youngest brother told them what had really happened. They believed him. As soon as his father, the emperor, heard the story, he chased the two older brothers out of his kingdom. But the youngest of them, who had been so brave, got to marry the girl that he had chosen and soon took over his father's throne.

The End

mrtav pao, a svatovi onda đipe da ga uhvate, ali on ne šćedne ni bježati, nego ostane među njima, pa se pokaže da je on najmlađi carev sin a ne ono čobanče i da su ga braća iz zavisti ostavila na onome čardaku u kome je on sestru našao i zmaja ubio, a to sve zasvjedoči i sestra i one đevojke. Kad car to čuje, on se naljuti na svoja dva starija sina i oćera ih odmah od sebe, a njega oženi đevojkom koju je sebi izabrao i ostavi ga nakom sebe da caruje.

Kraj

Objašnjena:
čardak – kuća, dvorac; kafez – soba s rešetkama; oputa – remen za vezivanje opanaka; pritvrdivši – pričvrstivši; peti se – penjati se; bište – prebire po kosi, trijebi uši; buzdovan – starinsko gvozdeno oružje za udaranje; život – trbuh; sturi – zbaci, odgurne; takum – konjska oprema; kulatast – mišje boje; đerđef – naprava na kojoj se veze; tepsija – plitka okrugla posuda; vranac – crn konj; đogat – bijel konj; kulaš – konj mišje boje; đipe – skoče; nakom – nakon, poslije;

Ortanca ağabeyinin düğün gününde altın süslü beyaz ata binip gelmiş ve aynı şekilde onun da kafasına vurmuş, hızla geri dönmüş. En son, kendi kılığına giren çobanın düğünü olacakmış. Bu sefer de değerli taşlarla süslü gri ata binip gelmiş ve damadı öldürmüş. Ama bu sefer kralın askerleri onu yakalamış. O da olan biteni kral babasına anlatmış. Her şeyi öğrenen babaları büyük ve ortanca oğullarını krallığından kovarak cazalandırmış. En küçük oğlunu istediği güzel kızla evlendirmiş ve bu kahraman oğluna tahtını vermiş.

Son

Keloğlan, der Unsichtbare

Es lebte einmal ein Sultan, der eine sehr schöne Tochter hatte. Sie war erst 18 Jahre alt. Ihre Schönheit war so berühmt, dass zahllose Freier aus dem ganzen Land sie heiraten wollten. Einerseits wollte der Sultan seine Tochter verheiraten, andererseits machte er sich um seine Tochter große Sorgen. Jeden Tag brauchte sie ein Paar neue Schuhe. In der Früh zog sie nagelneue Schuhe an und am nächsten Morgen waren sie ganz durchlöchert. Was geschah da nur in der Nacht? Das Mädchen war ja immer zu Hause, wie konnte das nur geschehen? Der Sultan bestürmte seine Tochter immer wieder mit Fragen, die Antwort seiner Tochter war immer wieder dieselbe:

Bitte umblättern!

The Invisible Keloğlan

Once upon a time there lived a sultan, who had a beautiful daughter. She was only 18 years old and so beautiful that men from all over the country wanted to marry her. On the one hand the sultan would have been happy to see his daughter get married; on the other hand he was very concerned about her. Every single day she needed a new pair of shoes. In the morning she would put on brand-new shoes and the next morning they were torn and riddled. What was happening during the night?

The girl was always at home. How could something like this possibly happen?

The sultan asked her again and again. But his daughter's answer was always the same:

Please turn page!

Keloğlan, nevidljvi

Übersetzung in kroatischer Sprache!

Živio jednom neki sultan koji je imao prekrasnu kćer. Ona je imala tek osamnaest godina. Njezina je ljepota bila toliko glasovita, da su je željeli oženiti bezbrojni prosci iz cijele zemlje. Sultan je htio već jednom udati svoju kćer, no m bivao isti."Dragi oče, ja također ne znam! Svako jutro kada ustanem, moje su cipele probušene."
Sada postavi sultan pred vrata svoje kćeri najstrože čuvare, a postavi također kandilo da dimi i vodicu da škropi protiv zlih duhova i vila. Znatiželjno su svi očekivali sljedeće jutro. Sve je izgledalo isto kao i uvijek;

Okrenite stranicu!

Keloğlan-Görünmeyen adam

Bir varmış, bir yokmuş. İnsan-oğlunun başından geçenler dağdan taştan daha çokmuş. Bir padişahın çok güzel bir kızı varmış. Gelmiş çatmış onsekizine. Ünü yayılmış ülkenin her yerine.
Dünürcülerin biri gelir, biri gidermiş. Padişahsa ipe un serermiş. Kızını baş göz etmek istemesine istermiş ya, aklını karıştıran, hatırladıkça alnını kırıştıran bir durum varmış. Kıza ayakkabı dayanmazmış. Daha o gün alınan pırıl pırıl papuçlar, sabah altı delinmiş olarak çıkarmış.
Bu kız dışarı çıkmıyor. Durduğu yerde papuçlar neden delinsin? Sakın bunda bir bit yeniği olmasın? Kızını sorguya çekmiş. Bir şey öğrenememiş. Kızın ilk sözü de son sözü da aynı:

Sayfayı çevir!

„Lieber Vater, ich weiß es auch nicht, immer, wenn ich am Morgen aufstehe, sind meine Schuhe durchlöchert!“ Der Sultan ließ von jetzt an die Türe seiner Tochter strengstens bewachen, gegen die bösen Geister und Feen ließ er Rauchwerk verbrennen und Wasser versprengen. Gespannt warteten alle auf den nächsten Morgen. Alles sah aus wie immer, die Fenster waren geschlossen, die Türen unversehrt, und doch waren die Schuhe wieder durchlöchert. „Der Sultan kann es sich leisten seiner Tochter jeden Tag neue Schuhe zu kaufen, er ist ja so reich!“ werdet ihr jetzt sicher sagen. Ihr habt recht, wie aber konnte das nur möglich sein, ging das Mädchen etwa in der Nacht heimlich spazieren?

Der Sultan rief alle seine Wesire herbei, um sich unter großem Wehgeschrei mit ihnen zu beraten. Doch kein Wesir konnte einen vernünftigen Vorschlag machen, was man tun könnte. Ausrufer eilten durch die Gassen:

Bitte umblättern!

“My dear father, I simply don’t know, but every day, when I wake up, my shoes are completely full of holes.”

One night the sultan posted guards to stand next to his daughter’s door. They burned incense to keep evil ghosts and fairies away and they even sprinkled water all over her room. Anxious to see if it had helped they awaited the next morning. Everything seemed normal. The windows were closed and the doors were untouched, but her shoes were full of holes.

Now I’m sure you are thinking to yourself, “The sultan is so rich anyway, he can easily afford to buy her a new pair of shoes every day.” Yes, this is true. But how was it possible? Did his daughter secretly go out walking all night?

The sultan then called all of his viziers to come over and talk about the problem. But not one of them had a plausible answer to the mystery. Town criers were sent out to run through the streets and call out:

Please turn page!

prozori su bili zatvoreni, vrata netaknuta, a cipele su opet bile poderane. „Sultan si valjda može priuštiti da svaki dan kupuje nove cipele svojoj kćeri, pa on je ipak tako bogat!“ rekli biste vi sada sigurno. Imate pravo. Ali kako to ipak može bit moguće? Je li djevojka noću potajno odlazila u šetnju? Sultan je pozvao sve svoje vezire, kako bi se ovako očajan s njima posavjetovao. No, nijedan vezir nije imao pametan prijedlog, što treba činiti. Žurno su glasnici prolazili uličicama i vikali:

Okrenite stranicu!

“Babacığım ben de bilmiyorum. Nasıl oluyorsa oluyor. Ayakka-bılarım sabaha eskimiş çıkıyor.”
Halayıklardan, hizmetçilerden kapısına gözcü dikmişler. Odasına cindir, peridir girmesin diye tütsü yakıp, okunmuş sular serpilmiş. Ama kızın kapısı açılmadığı, kırılıp parçalanmadığı halde papuçlar gene delik. “Koca bir padişahın parası yok mu? Biricik kızına her gün bir çift ayakkabı alsa çok mu” diyeceksiniz. Öyle ama iş mide bulandırıyor. Bir genç kız, gece gizlice gezsin tozsun, papuç eskitsin, kimsenin tüyü bile duymasın. Olacak iş mi? Padişah vezirleri çağırmış. Esmiş, yağmış, bağırmış. Bir önlem düşünmelerini istemiş. Ortaya dişe dokunur bir öneri atan çıkmamış. Sokaklarda tellallar çığırtmış:

Sayfayı çevir!

„Wer das Rätsel um des Sultans Tochter lösen kann, soll sie auch zur Frau bekommen, wer es wagt, soll sich beim Schloss einfinden!“ Viele fanden sich beim Schloss ein, wachten die ganze Nacht vor der Türe des schönen Mädchens, doch niemand konnte dem Geheimnis auf die Spur kommen. Inzwischen wanderte Keloğlan durch die Gassen der Stadt, er hatte weder Arbeit noch Geld. Keloğlan hörte die Ausrufer, die wieder durch die Stadt zogen, er stieß einen lauten Schrei aus, rannte zum Schloss und rief dem Sultan zu: „Dieses Rätsel zu lösen, ist genau meine Sache, nur ich bin dazu in der Lage!“
Der Sultan blickte nachdenklich den Glatzkopf an und sagte ironisch zu sich: „Der hat uns gerade noch gefehlt, der Kahlkopf, soll er es doch versuchen!“

Bitte umblättern!

“The man that can solve the mystery of the sultan’s daughter will get to marry her. Whoever dares should go to the castle!” Many men came to see the sultan, and waited all night in front of the girl’s bedroom. But no one knew the answer.

In the meantime, a man named Keloğlan was wandering through the streets. He had no job and no money. As he heard the men calling out the news, he immediately ran to the castle and told the sultan: “Solving this mystery is exactly my kind of thing! Only I will be able to do this!” The sultan looked at the bald man. The sultan ironically thought to himself, “That’s all we needed, a silly man like him! But he should try.”

Please turn page!

„Tko uspije razriješiti zagonetku o sultanovoj kćeri, dobit će je za ženu. Tko se usudi neka dođe pred dvorac!“
Mnogi su se pojavili pred dvorcem, bdjeli cijelu noć pred vratima prekrasne djevojke, no tajnu nitko nije uspio otkriti.

U to vrijeme prolazio je Keloğlan uličicama staroga grada, bio je bez posla i novca. Keloğlan ču glasnike koji su opet prolazili ulicama i pozivali. On vikne glasno, potrči ka dvorcu te kaže sultanu: „ Riješiti ovu zagonetku, baš je nešto za mene. U takvim sam ja stvarima pravi majstor i tu mi nema ravnog!“
Sultan zamišljeno pogleda ćelavca i pomisli ironično u sebi: „Samo nam je ovaj ćelavac još nedostajao, a neka i on proba!“

Okrenite stranicu!

Keloğlan gürünmeyen adam

“Ey ahali! Padişah bir günde eskiyen papuçların sırrını çözene kızını verecek. Kendine güvenen saraya gelsin. Duyduk duymadık demeyin!”
Birçok kişi koşmuş saraya. Kızın kapısında bir gece nöbet bekledikten sonra, temiz bir dayak yiyip atılmışlar dışarı.
Keloğlan, işsiz güçsüz sokaklarda gezip tozarken tellal sesini işitmiş. Koşa koşa doğru saraya gitmiş: “Tam bana göre bu iş Padişahım. Bu sırrı ancak ben çözerim.”
Padişah bakmış ona: “Tamam!” demiş içinden “bir kel eksikti, o da geldi tamam oldu!”

Sayfayı çevir!

Er erhob seine Stimme: „Glatzkopf, hör genau zu, wenn du das Rätsel nicht innerhalb einer Nacht zu lösen vermagst, bist du am nächsten Morgen um einen Kopf kürzer! Ist dir das klar?“ „So möge es geschehen, doch habe auch ich eine kleine Bedingung! Gib mir ein Vollblutpferd und gewähre mir eine Frist von drei Monaten. Mein Meister und Berater lebt in weiter Ferne, ohne seinen weisen Rat, ist es mir unmöglich, diesem Rätsel auf die Spur zu kommen. „Der Sultan wollte ihn loswerden und sagte: „Gebt ihm ein Pferd!“

Keloğlan bestieg das Pferd und ritt ohne Ziel durch Dorf und Stadt. Natürlich hatte er gelogen, Keloğlan wollte Zeit gewinnen. Er vertraute auf sein Glück.

Armer Keloğlan, was sollte er jetzt machen? Er hatte keinen Groschen Geld und musste Futter für das Pferd kaufen, für die Übernachtung bezahlen! Großer Hunger quälte ihn. Als er schon ganz entkräftet war, verkaufte er in einem ihm unbekannten Ort sein Pferd.

Eines Tages war Keloğlan zufällig in einem Viertel, in dem sich öfters Räuber aufhielten. Drei Räuber stritten gerade miteinander. Er näherte sich ihnen mit den Worten:

Bitte umblättern!

He raised his voice: “Listen closely, baldy! If you are not able to solve the mystery within one night, I shall decapitate you! Are you fully aware of that?”

“That’s fine with me. But I do have one small condition as well. Give me a thoroughbred horse and three months’ time. My master and advisor lives far away from here and without his help it is impossible for me to solve this mystery.” The sultan wanted to get rid of him as quickly as possible, so he agreed. “Give him a horse!” he shouted to his servants. Keloğlan jumped on the back of his new horse and started riding through the towns and villages. He didn’t know what to do next. He had lied to the sultan: there was no master, he only needed time. He simply believed in his good luck.

Poor Kelogan, what should he do now? He had absolutely no money, but needed to buy food for his horse and find a place to sleep. He was so hungry! Soon he had no choice but to sell his horse in some unknown town.

One day Keloğlan was wandering through an area where there were a lot of thieves. He saw three thieves fighting with each other. He walked over and said:

Please turn page!

Sultan podigne glas i kaže: „Sada me dobro poslušaj! Ako ovu zagonetku ne uspiješ riješit u jednoj noći, sljedeće ćeš jutro biti za glavu kraći! Je li tebi to jasno?“ „Neka bude kako tražiš, no imam i ja jedan mali uvijet. Daj mi rasnog konja i vremena od tri mjeseca. Moj učitelj i savjetnik živi u dalekoj zemlji, a bez njegova savjeta nemoguće mi je riješiti ovu zagonetku.“ Željevši ga se riješiti što prije, sultan naredi: „Dajte mu konja!“

Keloğlan se popeo na konja i jahao bez cilja kroz šume i gradove. On je, naravno, lagao jer je zapravo htio dobit na vremenu, nadajući se da će ga kao uvijek pratiti sreća. Jadan Keloğlan, što da sada učini? Nije imao ni jednog jedinog novčića a morao je nabaviti hranu za konja i platiti prenoćište. Kada je već bio na izmaku snaga proda on u nekom selu svoga konja kako bi utažio glad. Jednoga dana nađe se Keloğlan u nekom dijelu grada gdje se sakupljaju razbojnici i čuje tri lopova kako se prepiru. Približi im se riječima:

Okrenite stranicu!

Sonra sesini yükselterek: “Bak Keloğlan” demiş “Bir gecede bu sırrı çözdün çözdün, yoksa kel başın elden gider. Bunu bilmiş ol!”

“Kabul Padişahım, yalnız benim de küçük bir şartım var!” “Neymiş o şart?”

“Altıma küheylan bir at, üç ay da süre verin ... Hocam çok uzak bir ülkede oturuyor. Ona danışmaya gideceğim.Hocamı görmeden bu işe girişemem.”

Padişah başından savmak için: “Verin şuna bir at!” demiş. Ata binmiş Keloğlan, basmış kamçıyı. Şu köy, bu kent gezmiş durmuş.

Hocama gideceğim demesi yalanmış. Üç aylık bir zaman kazanırsam belki bir yolunu bulurum diye at istemiş.

Meteliksiz Keloğlan’ ın sırtına bir de atın yemi, han parası binince iflas bayrağını çekmiş. Kalmış mı hiç bilmediği bir kentte meteliksiz. Atı götürüp pazarda satmış. Onun parasıyla idare etmeye başlamış. Birgün, harami takımının eksik olmadığı bir mahalleden geçerken üç adamın birbirleriyle kavga ettiğini görmüş. Yanlarına varmış:

Sayfayı çevir!

„Meine Herren, warum streitet ihr denn, wisst ihr nicht, dass sich Streit in dieser Welt überhaupt nicht auszahlt?“ „Wir haben bei unserem letzten Streifzug Katze, Stock und Hemd erobert. Wir wissen nicht, wie wir unsere Beute aufteilen sollen.“ - „Und ich dachte, ihr streitet um Pferde oder Kamele, da könnte jeder eines nehmen und die Sache wäre erledigt, es handelt sich ja nicht um ein Stück kostbare, seltene indische Seide!“

„Du verstehst nicht, worum es geht, wir können nicht Katze, Stock und Hemd wie einen Schatz aufteilen, sie haben ganz unterschiedliche unvergleichliche Talente!“ „Ha, ha, ha, Katze, Stock und Hemd sollen Talente haben?“ lachte Keloğlan.

„Dieser Stock zum Beispiel kann jeden wie einen Hund verprügeln. Lässt du die Katze los, bringt sie dir Tag und Nacht Essen. Das Hemd ist aus unauffindbarer indischer Seide gewebt, wer es anzieht, wird unsichtbar“, erklärten die Räuber. Glatzkopf war sprachlos, was er seit langem gesucht hatte, lag in den Händen der drei Räuber. „Ich weiß, was zu tun ist“, sagte Keloğlan zu den Räubern, „wenn ihr erlaubt, werde ich die Beute unter euch verteilen.“ Die Räuber waren einverstanden.

Bitte umblättern!

„Why are you fighting with each other? Don't you know that fighting doesn't pay in this world?"

"Well, recently we stole a cat, a cane and a shirt. Now we don't know who should get which of these things." they said.

"Oh, and I thought you were fighting over horses or camels." Kelogan said. "Why is it so difficult to split these things up among you? After all, it's not a piece of rare and precious Indian silk that you have to divide."

"No, you don't understand. The cat, the cane and the shirt have very different talents. It's not so easy dividing them between us." - "Ha, ha, ha!" Kelogan laughed. "how can a cat, a cane or a shirt have talents?"

- "Well, for example, this cane can beat up anyone. The cat will bring food to you every day and every night. And the shirt is made of rare and precious Indian silk. If you wear it, you are invisible." the thieves explained to him. Kelogan was speechless. What he had been looking for all this time was in the hands of those three thieves. "I know what to do." he said. "I will help you. First I will throw the cane. The one who brings the cane back to me, will get the shirt." The thieves agreed.

Please turn page!

„Gospodo moja, čemu ova prepirka? Zar ne znate da se svađa u ovom svijetu uopće ne isplati?“ „U zadnjem smo osvajanju oteli mačku, štap i košulju i sada ne znamo kako da podijelimo taj plijen.“

„A ja mislio, svađate se oko konja ili deve, tu bi svatko mogao jedno uzeti i stvar bi bila riješena, pa ne radi se o komadu skupocjene rijetke indijske svile!“ „Ti ne razumiješ o čemu se ovdje radi. Mi ne možemo podijeliti mačku, štap i košulju kao običan plijen. Ovo blago ima posebna svoj-stva.“ „Ha, ha, ha, zar da mačka, štap i košulja mogu imati neka izvanredna svojstva?“ smijao se Keloğlan. „Ovaj štap može na primjer istući svakoga kao psa. Pustiš li mačku, donosit će ti hranu danju i noću. Ova je pak košulja satkana od rijetke indijske svile; tko je obuče postaje nevidljiv,“ objašnjavali su razbojnici.

Ćelavac je ostao bez riječi. Pa ono za čim on već dugo traga, nalazilo se u rukama ovih triju lopova.

„Znam što treba učiniti,“ kaže Keloğlan lopovima. „Ako dopustite, ja ću podijeliti plijen među vama.“ Lopovi su se složili.

Okrenite stranicu!

“Ağalar bu yalan dünyada geçinmedik neyiniz var ki böyle kavga edip duruyorsunuz?” Sabahtan bu yana birbirleriyle çekişip duran haramiler, tarafsız bu kişiye açıklamışlar:

“Bir yerden elimize bir değnek, bir kedi bir de gömlek geçti. Onu bölüşemiyoruz.”

“Ben de atlan deve sanmıştım. Her biriniz birini alırsınız, olur biter. Hatta almayıp sokağa atsanız da olur. Bulunmaz Hint kumaşı mı ki bunlar?”

“Kazın ayağı öyle değil arkadaş. Bu deyneği, kediyi, gömleği hazine dolusu altına değişmeyiz. Her birinin birbirinden eşsiz hüneri vardır.”

“Yok devenin başı! Bunlar ne ki hünerleri olsun?”

“İnanmıyorsun değil mi? Şu beğenmediğin deynek var ya, kime dokunsa onu köpek haline çevirir.”

“Bunu anladık, ya ötekiler?”

“Kediyi de bırak, akşama dek sana ekmek taşısın. Gömlek ise bulunmaz Hint kumaşıdır. Onu giyen görünmez adam olur.” Birden Keloğlan‘ ın kafasına dank etmiş. Günlerdir aradığı şeyin burada, haramilerin elinde olduğunu anlamış.

“İzin verirseniz, bunları aranızda ben bölüştüreyim. Değneyi ileri atayım. Üçünüz birden koşun. Kim önce varıp onu bana getirirse gömlek onun olsun.

Sayfayı çevir!

„Ich werfe zuerst den Stock. Derjenige, der den Stock zu mir bringt, nimmt das Hemd."
Die Räuber waren einverstanden. Keloğlan warf den Stock ganz weit, zog schnell das Hemd an, und spazierte unsichtbar an den Räubern vorbei. Ohne viel Zeit zu verlieren, machte er sich auf den Weg zum Palast des Sultans. „Oh du mein Sultan, ich bin bereit!"
„Gut", sagte der Sultan, du kennst die Bedingungen, wenn du bis morgen früh das Rätsel nicht gelöst hast, wirst du sterben!"
Als es Abend wurde, zog Keloğlan schnell sein Hemd an. Da sah er, was in der Nacht immer geschah: Ein Mann mit schwarzem Bart hob das schlafende Mädchen aus seinem Bett, nahm es in seine Arme und brachte das Mädchen in ein naheliegendes Schloss in einen großen Saal. Dort spielten Musikanten zum Tanz auf. Das Mädchen erwachte und tanzte, tanzte und tanzte bis in den frühen Morgen. Kaum begann es zu dämmern, brachte der schwarzbärtige Mann das wieder tief schlafende Mädchen in ihr Gemach.

Bitte umblättern!

So he threw the cane as far away as he could, quickly put on the shirt and silently walked past the thieves. He was invisible now. Keloglan wasted no time returning to the sultan's castle. "Great Sultan, I am ready now!" he said.
"Fine. But you know the conditions. If you have not solved the mystery by tomorrow, you will die!" the sultan said.
That evening Keloglan quickly put on the shirt. And he saw what had happened every night: a man with a black beard picked up the sleeping girl, took her in his arms and carried her to a castle nearby. There, in a big ballroom, musicians were playing music. The girl awoke and started dancing. She danced and danced and danced until it was early morning. As soon as the sun came out, the bearded man took the girl, who had fallen asleep again, back to her bed.

Please turn page!

„Prvo ću baciti štap. Onaj tko mi ga prvi donese, dobit će košulju.“ Lopovi su se opet složili. Keloğlan baci štap što je dalje mogao, brzo obuče košulju i prođe onako nevidljiv pored razbojnika. Ne gubeći vrijeme pohita on brzo ka sultanovoj palači. „O moj sultane, ja sam spreman.“ „Dobro,“ kaže sultan „ti znaš uvjete. Ako do jutra ne riješiš zagonetku, nema ti spasa.“ Kad je pala noć, obuče Keloğlan svoju košulju i tad vidi što se to po noći događa. Neki čovjek crne brade podigne uspavanu djevojku sa njena kreveta, uzme je u naručje te je ponese u veliku dvoranu dvorca koji se nalazio u blizini.

Tamo su već svirači u punom jeku svirali i uspavana djevojka je počela plesati, te je plesala, plesala, plesala sve do ranoga jutra. Ali tek što je počelo svitati, odnio je crnobradi čovjek uspavanu djevojku natrag u njezine odaje.

Okrenite stranicu!

Tamam mı?”
“Tamam!” demişler.
Keloğlan değneyi uzaklara fırlatmış. Kaşla göz arasında gömleği sırtına geçirmiş, görünmez adam olmuş. Elini kolunu sallaya sallaya onların arasından geçip gitmiş. Günlerce yol teptikten sonra ülkesine ulaşmış. Doğru Padişah’ ın yanına gitmiş.
“Padişahım” demiş, “ben hazırım!”
“Peki!” demiş Padişah. “Sabaha kadar bu işin üstesinden geleceksin. Yoksa kelleni vurdururum!”
Akşam olunca Keloğlan hemen gömleğini giymiş ve görünmez olmuş. Sonra şunları görmüş: Kara sakallı bir adam uyuyan kızı yatağından almış ve kollarında taşıyarak onu yakındaki bir sarayın büyük salonuna götürmüş.

Sayfayı çevir!

Keloğlan, der Unsichtbare

Früh am Morgen lief Keloğlan gleich zum Sultan: „Großer Sultan, nehmt mein Hemd, es macht euch unsichtbar, gleich in der Nähe befindet sich ein Schloss, lasst es Abend werden, ihr werdet sehen, was sich allabendlich zuträgt!“ Was sah der Sultan nun? War das nicht der große Wesir, der seine schlafende Tochter in seinen Armen hielt, sie in sein Schloss trug und dort zu lauter Musik tanzen, tanzen und tanzen ließ? Der große Wesir war ein Zauberer! Noch bevor es Tag wurde, ließ der Sultan den großen Wesir gefangennehmen und köpfen. Aus Dankbarkeit machte der Sultan Keloğlan zu seinem neuen Wesir, außerdem musste der Sultan sein Versprechen halten und seine wunderschöne Tochter Keloğlan zur Frau geben. Es wurde Hochzeit gehalten, die vierzig Tage und vierzig Nächte dauerte.

Ende

The Invisible Keloğlan

Early the next morning Keloğlan ran to have a word with the sultan: “Oh, great Sultan, here, take my shirt! It will make you invisible. Not far from here you will find a castle. Wait until night falls and you will see what happens every night.” - And what did the sultan see? Was that his trusted vizier, who was taking his daughter out of her bed and carrying her in his arms to his castle, where she spent the night dancing to loud music? His trusted vizier was a magician! Before the morning came, the sultan had the vizier captured and decapitated. He also kept his promise. Keloğlan became his new vizier and he allowed him to marry his beautiful daughter. The wedding lasted 40 days and 40 nights.

The End

Rano ujutro požuri Keloğlan k sultanu: „Veliki sultane, uzmite moju košulju, ona će vas učiniti nevidljivim. Sasvim u blizini nalazi se dvorac, sačekajte noći vidjet ćete što se tamo noćima događa.“ Što li je sada sultan tamo vidio? Zar to nije bio veliki vezir koji je u svom naručju nosio uspavanu sultanovu kćer u svoj dvorac i puštao je tamo da pleše uz glasnu muziku. Veliki je vezir bio čarobnjak! Još nije ni svanulo, a sultan naredi da se uhvati veliki vezir te da mu se odrubi glava. Iz zahvalnosti učini sultan Keloğlana novim vezirom, a također ispuni i svoje obećanje i dade svoju predivnu kćer Keloğlanu za ženu.
Priredili su svadbu koja je trajala četrdeset dana i noći.

Kraj

Orada müzisyenler dans müziği çalıyormuþ.Kız uyanınca sabaha kadar dans etmiş. Hava aydınlanmaya başladığında, kara sakallı adam, derin bir uykuya dalan kızı odasına geri götürmüş. Sabahleyin Keloğlan hemen Sultan`a koşmuş: "Sultan Hazretleri, benim gömleğimi alın, bunu giyince görünmez oluyorsunuz. Yakında bir saray var. Oraya gidin ve akşamın olmasını bekleyin. Neler olduğunu göreceksiniz!“
Sultan bir de ne görsün? Kızını kollarında taşıyıp saraya götüren ve orada saatlerce dans etmesine sebep olan,kendi büyük Vezir`i değil mi? Sultan o anda anlamış ki, Vezir bir büyücüymüş. Hava aydınlanmadan Sultan onu yakalatmış ve başını vurdurmuş. Onun yerine Keloğlan`ı Başvezir yapmş.
Kızını da kırk gün kırk gece düğün dernek yaparak, Keloğlan ile evlendirmiş. Onlar ermiş muratlarına, darısı da bu masalı okuyan ve dinleyenlerin başına!

Son

Des Kaisers neue Kleider

In fernen Landen lebte einst ein Kaiser, der eine besondere Vorliebe für Kleider hatte. Er besaß so viele Kleidungsstücke, dass er sich jede Stunde des Tages hätte neu kleiden können, und dies über mehrere Jahre hinaus, ohne dasselbe Gewand ein zweites Mal tragen zu müssen. Dabei vernachlässigte er seine staatsmännischen Pflichten und brauchte Unmengen an Gold für seine große Leidenschaft.
Dies hatte sich weit umhergesprochen und so kamen eines Tages zwei Betrüger an den kaiserlichen Hof und gaben an, die wunderbarsten Kleider der Welt weben zu können.

Bitte umblättern!

The Emperor's New Clothes

Once upon a time, in a land far away, lived an emperor who loved clothes. He owned so many clothes that he could wear something different each hour of every day. And he could do this for many years without wearing the same thing twice! The emperor thought about clothes all the time and all day long. Because of this, he often neglected his royal duties and he also spent a lot of gold to buy new clothes. Everyone in his kingdom and in the surrounding kingdoms knew about the emperor's love of clothes. One day two crooks appeared at the emperor's court. They said that they could weave the most beautiful cloth in the world.

Please turn page!

Carevo novo odelo

Živeo jednom u jednoj dalekoj zemlji jedan car, koji je voleo lepo da se oblači. Imao je toliko odeće, da se svakog časa mogao presvući. To je moglo trajati godinama, a da pritom nikada ne bi morao jedno te isto odelo dva puta obući. Zbog toga je zapostavio svoje državničke dužnosti i trošio mnogo novca na svoju strast. Nakon što se to nadaleko pročulo, dođoše na dvor dva prevaranta i rekoše da znaju da šiju najlepšu odeću na svetu.

Okrenite stranicu!

Kralın yeni elbiseleri

Uzak bir ülkede bütün parasını yeni elbiseler için harcayan bir kral varmış. O kadar çok elbisesi varmış ki, her saat ayrı bir elbise giyse bile hiç birini iki defa giymeden yıllar boyu yeni elbise giyebilirmiş. Bu elbise merakı yüzünden ülkesinin yönetimini de ihmal edermiş. Kendi zevki için çok para harcar, herkes de bunu bilirmiş.
Günün birinde iki sahtekar gelmiş. Kral'a dünyanın en güzel elbiselerini dokuyabileceklerini söylemişler.

Sayfayı çevir!

Des Kaisers neue Kleider

Das Besondere an den verwendeten Stoffen wäre, dass sie für dumme oder unfähige Menschen unsichtbar waren.
Ein Umstand, der den Kaiser überaus begeisterte, so sehr, dass er den beiden Männern den Auftrag für ein neues Festkleid erteilte, sie am Hofe wohnen und arbeiten ließ und ihnen enorme Mengen an Gold und Seide zur Fertigung seiner Bekleidung bereitstellte. Die beiden Männer taten so, als würden Sie mit unerschöpflichem Fleiß ununterbrochen an den Kleidern des Kaisers arbeiten.

Bitte umblättern!

Carevo novo odelo

Još su tvrdili da se jedinstvenost upotrebljenih tkanina ogleda u tome što su za glupe i nesposobne nevidljive. To je kralja toliko oduševilo da im je dopustio da žive i rade na dvoru. Dao im je na raspolaganje mnogo novca i svile za izradu odeće. Obojica su ostavljali utisak kao da su neprestano zaposleni izradom careve odeće.

Okrenite stranicu!

The Emperor's New Clothes

There was something very special about the cloth they wove: people who were silly and stupid could not see the cloth. The emperor thought this was a lovely idea. So he ordered a new robe from the men. They lived and worked at the court and he gave them a great amount of gold and silk to make his new robe. The two men pretended to be working on the emperor's new clothes very busily. They worked day and night.

Please turn page!

Kralın yeni elbiseleri

Ama kullandıkları kumaşın bir özelliği varmış. Bu elbiseleri aptallar ve başarısız insanlar göremezmiş. Kral yeni bir elbise dikmeleri için bu iki adama emir vermiş. Adamlar hiç ara vermeden Kral'a elbise dikiyormuş gibi çalışır görünmüşler.

Sayfayı çevir!

So schickte der Kaiser eines Tages seinen engsten Vertrauten zu den beiden Schneidern, damit er über die Kleidung berichten könne. Dieser traute jedoch seinen Augen nicht: Er traf die Männer fleißig arbeitend an, konnte jedoch keinen einzigen Faden erblicken – „Ich bin also dumm!“, dachte er sich enttäuscht. Er tat so, als könne er des Kaisers neue Festbekleidung in all ihrer Pracht sehen, lobte die Männer zu ihrer gelungenen Arbeit und berichtete dem Kaiser in hellster Begeisterung von den prachtvollen Kleidern. So kam der Festtag, an dem die gesamte Bevölkerung das neue Kleid bestaunen sollte.

Bitte umblättern!

One day the emperor sent one of his closest officials to the two tailors so that he could give the emperor a report on his new clothes. The official couldn't believe his eyes! He watched the tailors busily working – but he couldn't see a single thread of the cloth they were working on. So naturally he thought that he was silly and stupid. And he was very disappointed in himself. He wanted to keep it a secret. So he pretended to see the emperor's new clothes. He praised the men and told them that the clothes looked very elegant.

And then he went to the king and told him enthusiastically how wonderful his new clothes looked. Finally it was the day of the big celebration where all the people of the land could look at the emperor's new clothes.

Please turn page!

Carevo novo odelo

Tako je car jednoga dana poslao krojačima svog poverenika da proveri kako napreduje izrada odeće. Otišao je i zatekao obojicu kako vredno rade i čudio se što ne vidi ni jedan jedini konac. “Da li sam stvarno tako glup?” – pomisli u sebi razočaran. Ipak je probao da deluje mirno i ponašao se kao da se divi novoj svečanoj odeći u svoj njenoj raskoši. Istovremeno je hvalio njihov rad i kasnije sav oduševljen ispričao caru o divno sašivenoj odeći.
I tako je stigao dan kada se čitav narod trebao diviti novoj carevoj odeći.

Okrenite stranicu!

Kralın yeni elbiseleri

Bir gün Kral elbiselerden haber almak için güvendiği bir adamını terzilere göndermiş. Adam gözlerine inanamamış. Terziler çalışıyormuş gibi görünüyorlarmış ama ortada hiç bir şey yokmuş. „Herhalde ben aptalım“ diye düşünmüş. Ama sanki bu görkemli kumaşı görüyormuş gibi yapmış ve adamları başarılı çalışmalarından ötürü tebrik etmiş. Kral’a giderek kumaşların güzelliğini anlatmış. Büyük gün gelmiş, bütün halk Kral’ın yeni elbisesini görecekmiş.

Sayfayı çevir!

Des Kaisers neue Kleider

Dem Kaiser wurde das neue Gewand ehrfurchtsvoll vorgezeigt, doch auch er musste sich selbst eingestehen, das Kleid nicht sehen zu können. Zu peinlich, dies zuzugeben, dachte er sich, und schlüpfte ohne fremde Hilfe in seine neuen Kleider. Der gesamte Hofstaat hielt den Atem an und lobte das elegante Muster und die Feinheit des Stoffes. Die Bevölkerung verneigte sich ehrerbietig, als der Kaiser einzig in Unterhosen bekleidet, an ihnen vorüber stolzierte. Da rief plötzlich ein kleiner Junge: „Aber der hat ja gar nichts an!“ So viel Ehrlichkeit konnte keine Dummheit sein, und das erkannte auch das Volk. Und schließlich bemerkte dies auch der Kaiser, doch er hielt noch die gesamte Prozession durch.

Ende

The Emperor's New Clothes

The tailors humbly showed the emperor his new clothes – but he couldn't see a thing! It was so embarrassing. So he pretended to admire them and put them on. The whole court was holding its breath as he appeared. They praised the elegant patterns in the cloth and its fine texture. The people of the land bowed as the emperor marched in front of them, dressed only in his underpants. Suddenly a little boy called out, "But the emperor is not wearing any clothes!" So much honesty cannot be silliness and the people suddenly saw the truth. Only the emperor closed his eyes to the truth and continued to march until the procession was finished.

The End

Carevo novo odelo

Dvorjani su sa velikim poštovanjem pokazivali caru nje-govo odelo, ali je i sam car morao sebi priznati da ga uopšte ne vidi.

To da prizna bilo ga je sramota, pa bez ičije pomoći obuče novo odelo. Čitav dvor ostade bez daha i poče hvaliti elegantnu mustru i finoću materijala. Narod se klanjao sa poštovanjem caru, dok je on, samo u gaćama, ponosno kraj njih koračao.

Tada iznenada viknu jedan dečak: "Ali on nema ništa na sebi!" Takvo poštenje nije moglo biti izraz glupo-sti, uvideo je sada i sam narod. Na kraju je to i sam car uvideo, ali je ipak ponosno koračao u novoj odeći pred narodom.

Kraj

Önce Kral'a gösterilmiş. Kral kumaşı görmediğini söylemek istememiş. Hiç kimsenin yardımı olmadan elbiseyi giymiş. Kral gururlu bir şekilde iç çama-şırlarıyla yürürken herkes nefesini tutmuş, kumaşın desenini, kalitesinin güzelliğini övmüşler. Ama tam o sırada küçük bir çocuk şöyle seslenmiş, „Aaa Kral çıplak!" Doğruyu söylemek aptallık olamazdı, halk bunu anlamış. Kral da herşeyin farkına varmış. Ama gene de hiç bir şey olmamış gibi törene devam etmiş.

Son

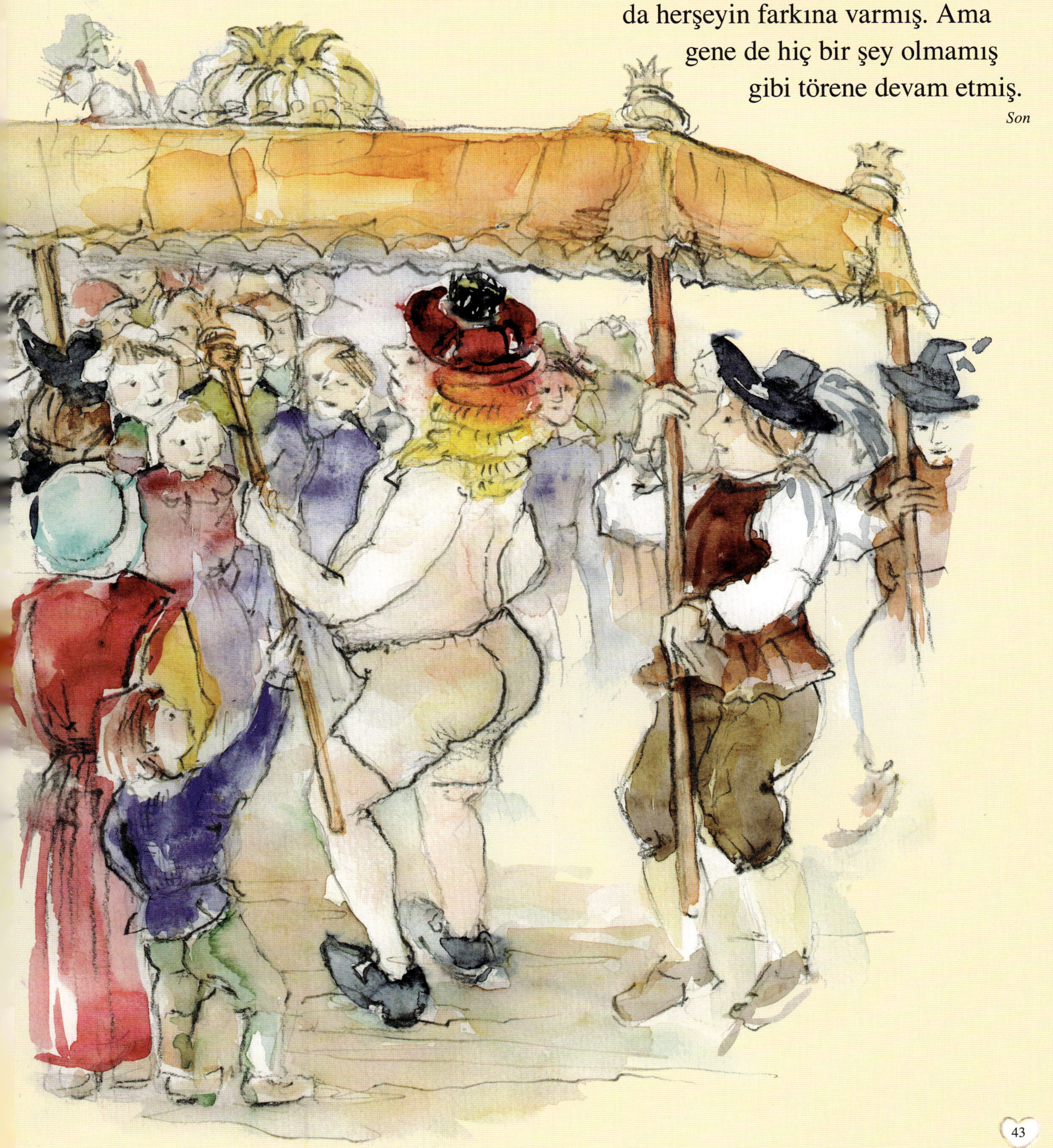

Hänsel und Gretel

Am Rande eines großen, dunklen Waldes, vor langer Zeit, lebte ein armer Holzfäller mit seiner Frau und den beiden Kindern, Hänsel und Gretel. Die Zeiten waren schlecht und eines Tages war nichts mehr zu essen im Haus.

„Wie soll ich uns beide und die Kinder ernähren?“, fragte der Mann seine Frau und diese antwortete: „Wir müssen die Kinder im tiefen Wald aussetzen. Nur so können wir alle überleben.“

Der Mann war entsetzt über den Vorschlag seiner Frau, aber schließlich willigte er ein.

Doch die Kinder hatten alles heimlich mitangehört und Hänsel hatte sogleich eine Idee.

Bitte umblättern!

Hansel and Gretel

Once upon a time, long, long ago, a poor woodcutter lived with his wife and his two children, Hansel and Gretel, at the edge of a big, dark forest. Times were hard and one day there was nothing left in the house to eat. The father asked the mother, “How can I feed you and the children?” The mother answered, “We have no choice. We must take the children deep into the forest and leave them there. It’s the only way we can survive.” The man was horrified by his wife’s suggestion but finally he agreed. But the children had been listening at the door. Hansel had an idea.

Please turn page!

Ivica i Marica

Pre mnogo vremena na ivici jedne velike tamne šume živeo je jedan siromašni drvoseča sa svojom ženom i decom, Ivicom i Maricom. Vremena su bila loša i jednog dana nisu imali kod kuće ništa više da jedu. „Kako ću da prehranim nas dvoje i decu?“ – upita otac svoju ženu, a ona odgovori: „Moramo da ostavimo decu duboko u šumi. Samo tako možemo svi preživeti.“ Čovek je bio užasnut predlogom svoje žene, ali je naposletku pristao. Deca su sve tajno prisluškivala i Ivica je imao ideju.

Okrenite stranicu!

Hensel ve Gretel

Çok eski zamanlarda büyük ve karanlık bir ormanın kenarında fakir bir oduncu, karısı, Hensel ve Gretel adlı iki çocuğu ile yaşarmış. Durumları kötüymüş, günün birinde hiç yiyecekleri kalmamış. Adam karısına sormuş, „Biz nasıl yiyecek bulacağız?“ Karısı cevap vermiş, „Çocukları ormana bırakalım.“ Adam karısının bu teklifine çok şaşırmış ama sonunda kabul etmiş. Çocuklar bu konuşmayı duymuşlar. Hensel’in aklına bir fikir gelmiş.

Sayfayı çevir!

Hänsel und Gretel

Er schlich sich hinaus und sammelte ein paar Kieselsteine ...

Am nächsten Morgen weckte der Vater die beiden Geschwister zeitig in der Früh. „Wir müssen heute tief in den Wald hinein, Holz holen, und werden den ganzen Tag unterwegs sein.“ So machten sich der Vater und die Mutter mit den beiden Kindern auf den Weg in den tiefen Wald. Der schlaue Hänsel jedoch streute den gesamten Weg über mit seinen weißen Kieselsteinen eine Spur. Als sie tief genug im Wald waren, befahl ihnen der Vater: „Nun sammelt Holz, Kinder, ich will ein Feuer machen, damit ihr nicht friert!“ Dann gingen die Eltern tiefer in den Wald hinein, um Holz zu hacken. Doch sie kehrten nicht mehr zurück.

Bitte umblättern!

Hansel and Gretel

He sneaked out of the house that night and collected some white pebbles.

The next morning the father woke the two children very early. “Today we must go deep into the forest to cut wood. We will be gone the whole day.” So the family left for the woods. Clever Hansel dropped his pebbles on the ground behind him. When they were deep in the forest, the father said: “Now gather wood, children. I want to make a big fire so that you don’t freeze.” With these words the parents went deeper into the woods to chop wood. But they didn’t come back.

Please turn page!

Iskrao se napolje i sakupio je nekoliko kamenčića.
Sledećeg jutra otac probudi decu veoma rano. “Danas moramo ići duboko u šumu da donesemo drva i ostaćemo tamo celi dan.” Tako pođoše otac i maćeha sa oboje dece u šumu. Lukavi Ivica je celim putem ostavljao iza sebe tragove od kamenčića. Kada su stigli dovoljno duboko u šumu, zapovedi im otac: “Sakupljajte drva deco, hoću da potpalim vatru, kako se ne biste smrzavali!”
Onda roditelji odoše dalje u šumu da seku drva. Međutim, nisu se više vratili.

Okrenite stranicu!

Hensel ve Gretel

Yavaşça dışarı çıkmış ve biraz çakıl taşı toplamış.
Ertesi günü babaları onları erken-den uyandırmış. „Bu gün ormana gidip odun toplayacağız, bütün gün dışarıda olacağız.“
Böylece baba ve üvey anne çocuklarla beraber ormana gitmişler. Akıllı bir çocuk olan Hensel, topladığı beyaz çakıl taşlarını gittikleri yola yavaş yavaş dökmüş. Ormanın derinliklerine geldiklerinde babası şöyle söylemiş, „Siz odun toplayın çocuklar, ben de üşümeyelim diye ateş yakayım.“
Sonra karısı ile beraber odun kesmek için ormanda yollarına devam etmişler. Ama geri dönmemişler.

Sayfayı çevir!

Hänsel und Gretel

Als der Vollmond am Himmel stand, nahm Hänsel seine Schwester Gretel an der Hand und ging den Kieselsteinen nach, bis sie wieder zu Hause waren.
Der Vater freute sich sehr, seine Kinder wieder zu sehen, doch die Stiefmutter sagte: „Die Kinder müssen fort!“ Hänsel und Gretel hatten auch dieses Gespräch mitangehört, aber diesmal konnte Hänsel nicht hinaus, um Kieselsteine zu sammeln, da die böse Stiefmutter die Haustüre verschlossen hatte. In der Früh mussten die Kinder wieder mit dem Vater und der Stiefmutter in den Wald gehen. Hänsel und Gretel bekamen von den Eltern jeweils ein Stück Brot zu essen. Hänsel aber begann, aus den Brotkrümeln eine Spur auf dem Weg zu legen.

Bitte umblättern!

Hansel and Gretel

The children waited until the full moon was in the sky. Hansel took Gretel by the hand and they followed the white pebbles back to their parents' house.
The father was really happy to see them. But then later, when they were alone, the stepmother said, "The children must go away!" Once again, the children were listening at the door. And, once again, Hansel wanted to collect white pebbles. But the stepmother had bolted the door shut and he couldn't go outside.
Before they left the next morning, the mother gave each of the children a piece of bread. On their way into the forest, Hansel broke off bits of his bread and dropped them on the path behind them so that they could find their way home that night.

Please turn page!

Kada se pun mesec pojavio na nebu, uze Ivica svoju sestru Maricu za ruku i sledivši kamenje stigoše kući.
Otac se veoma obradovao što ponovo vidi svoju decu, ali maćeha reče: “Deca moraju da odu!” Ivica i Marica su čuli razgovor, ali ovoga puta Ivica nije mogao da napolju sakupi kamenčiće, jer je zla maćeha zaključala vrata. Rano ujutru deca su morala sa ocem i maćehom ponovo da pođu u šumu.
Ivica i Marica dobiše od roditelja po parče hleba da jedu. Ivica poče ostavljati trag po putu od mrvica hleba.

Okrenite stranicu!

Hensel ve Gretel

Gece ay çıktığında Hensel, kız kardeşi Gretel’in elini tutmuş ve giderken attığı çakıl taşlarını takip ederek evin yolunu bulmuşlar.
Baba çocuklarına kavuş-tuğuna sevinmiş ama üvey anneleri, „Bu çocukların buradan gitmeleri gerek!“ demiş.
Hensel ve Gretel yine konuşmaları duymuşlar. Ama bu sefer üvey anneleri kapıyı kilitlediği için yanlarına çakıl taşlarını alamamışlar. Sabah erkenden babalarıyla ormana gitmişler. Anne babaları onlara yemeleri için bir parça ekmek vermiş. Hensel ormana giderken ekmekleri ufak ufak kopararak gittikleri yola serpmiş.

Sayfayı çevir!

Wieder verschwanden die Eltern im tiefen Wald und ließen die Kinder zurück. Doch, o Schreck, die Brotkrümel waren verschwunden, die Vögel hatten sie gefressen.

So irrten Hänsel und Gretel stundenlang im Wald herum, bis sie sich erschöpft unter einen Baum legten und einschliefen.

Als die beiden am nächsten Tag erwachten, machten sie sich wieder auf die Suche nach dem richtigen Weg nach Hause. Doch plötzlich sahen sie ein Häuschen vor sich, das aus Pfefferkuchen gebaut war und Fenster und Dach aus Zucker hatte. Gretel brach sogleich ein Stückchen vom Dach ab und biss herzhaft hinein.

Bitte umblättern!

When they were deep in the woods, the parents went off to chop wood and left the children alone. Hansel and Gretel wanted to find the way home but they discovered that the birds had eaten the bread crumbs.

Hansel and Gretel walked and walked. They were lost in the woods. Finally they were so tired that they fell asleep under a tree.

The next morning they continued to look for the way home.

Suddenly they saw a house built of gingerbread with a roof and windows made of sugar. Gretel was so hungry that she broke a piece off the roof and began to eat it.

Please turn page!

Ivica i Marica

Hensel ve Gretel

Roditelji ponovo nestadoše u šumi i ostaviše decu. Ali kakva nesreća! Mrvice hleba su nestale jer su ih ptice pojele. Tako Ivica i Marica lutaše po šumi, sve dok nisu iscrpljeni legli pod jedno drvo i zaspali. Kada su se sledećeg jutra probudili, počeli su ponovo da traže put do kuće. Ali iznenada videše kućicu koja je bila napravljena od kolača, a čiji su prozori i krov bili od šećera. Marica otkinu parčence krova i zagrize smelo.

Okrenite stranicu!

Ormana geldiklerinde anne babaları onları yine yalnız bırakmış. Çocuklar eve dönmek istediklerinde yoldaki ekmek parçalarını bulamamışlar, çünkü kuşlar ekmek kırıntılarını yemiş. Hensel ve Gretel saatlerce, yorgun düşüp bir ağacın altında uykuya dalana kadar ormanda dolaşmışlar. Ertesi gün uyandıklarında eve giden yolu aramaya devam etmişler. Karşılarına küçük bir ev çıkmış. Bu ev pastadan yapılmış. Pencereleri ve çatısı da şekerdenmiş. Gretel çatıdan ufak bir parça koparmış, yemiş.

Sayfayı çevir!

„Knusper, knusper, knäuschen, wer knuspert an meinem Häuschen?“, rief eine Stimme von drinnen. Die Kinder antworteten: „Der Wind, der Wind, das himmlische Kind!“ Da öffnete eine alte Frau die Tür und lud die Kinder in das Haus ein. Die Alte gab ihnen zu essen, soviel die beiden nur essen konnten, und legte die Kinder dann schlafen. Am nächsten Morgen jedoch schnappte sie Hänsel, sperrte ihn in einen Käfig und begann ihn zu mästen. Die arme Gretel musste nun backen, putzen und flicken. Jeden Tag schaute die Hexe nun, ob Hänsel auch schon recht fett geworden war, damit sie ihn essen konnte.

Bitte umblättern!

Hansel and Gretel

Suddenly they heard a voice calling from inside the house: “Nibble, nibble, gnaw! Who is nibbling at my little house?” The children answered: “The wind! The wind! The heaven-born wind!” An old woman opened the door of the house and invited the children to come inside. She gave them lots and lots of good things to eat and then she put them to bed.

The next morning she grabbed Hansel and locked him in a cage. Gretel had to bake, cook and mend the clothes. The witch wanted to feed Hansel lots of good food and fatten him up, so that she could eat him.

Please turn page!

Ivica i Marica

“A ko to gricka moju kućicu?”, reče jedan glas iznutra. Deca odgovoriše: “Vetar, vetar, vragolasti vetar!” Je-dna starica otvori vrata i pozva decu u kuću. Dade im da jedu koliko god su mogli i stavi ih da spavaju. Sledećeg jutra zgrabi Ivicu, zatvori ga u jedan kavez i poče da ga dobro hrani. A jadna Marica je morala da kuva, čisti i krpi. Veštica je svakog dana proveravala da li se Ivica dovoljno ugojio, kako bi ga mogla pojesti. Kada je konačno bio dovoljno debeo, naredi Marici da zagreje veliku peć.

Okrenite stranicu!

Hensel ve Gretel

„Bir sesler duyuyorum, burada kimler var?“ Diye içerden biri seslenmiş.

Çocuklar cevap vermiş, „Rüzgar, rüzgar!“ Tam o sırada yaşlı bir kadın kapıyı açmış ve çocukları içeri çağırmış. İhtiyar onlara istedikleri kadar yiyecek vermiş, sonra onları uykuya yatırmış. Ertesi gün Hensel’i tutmuş ve bir kafese kapatmış. Bol yiyecek verip beslemiş. Zavallı Gretel ise, yemek pişirmek, temizlik yapmak ve yama yapmak zorundaymış.

Cadı hergün Hensel’in yeteri kadar şişman olup olmadığını kontrol ediyormuş. Çünkü onu yemek istiyormuş.

Sayfayı çevir!

Schließlich war er fett genug und Gretel musste den großen Backofen anheizen. Als die Hexe nachsehen wollte, ob der Ofen schon heiß genug war, hatte Gretel plötzlich eine Idee. Blitzschnell stieß sie die Hexe in den Ofen, und schloss schnell die Türe. Nun befreite Gretel ihren Bruder. Als sie sich im Haus umschauten, entdeckten sie in allen Ecken Kisten mit Perlen und Edelsteinen. Die Kinder füllten sich damit die Taschen und begaben sich auf den Heimweg. Stolz zeigten sie dem Vater die Perlen und Edelsteine und so lebten sie in Glück und Frieden bis an ihr Lebensende.

Ende

She checked every day to see if Hansel was fat enough yet and then one day she told Gretel to heat up the oven. The witch bent over the oven to see if it was hot enough – and Gretel had an idea! Gretel pushed the witch into the oven and quickly closed the oven door. Then she ran and set Hansel free. They looked through the house and found pearls and jewels in all of the corners and closets. They quikkly filled up their pockets and went home to their father.

They showed him the pearls and jewels and they lived happily ever after.

The End

SERBISCH

Kada veštica htede da pogleda da li je peć dovoljno zagrejana, sinu Marici jedna ideja. Munjevitom brzinom gurnu vešticu u peć i brzo zatvori vrata. Zatim oslobodi brata. Kada su deca pretražila kuću pronađoše u svakom ćošku kovčege sa biserima i dragim kamenjem.
Deca napuniše time džepove i pođoše kući. Došavši kući, pokazaše ocu bisere i drago kamenje. Od tada su živeli srećno i u miru do kraja svog života.

Kraj

TÜRKISCH

Yeterince şişmanladığını görünce Gretel'e büyük fırını yaktırmış.
Cadı fırının ısınıp ısınmadığını kontrol etmek için bakarken Gretel'in aklına bir fikir gelmiş. Cadıya bir tekme atmış, cadı fırına düşünce hemen kapıyı arkasından kapatmış.
Böylece erkek kardeşini de kurtarmış. Evin etrafında dolaşırken pek çok inci ve mücevher olan sandıklar bulmuşlar. Ceplerini bunlarla doldurmuşlar ve evin yolunu tutmuşlar. Çocuklar babalarına inci ve mücevherleri göstermişler ve hayatlarının sonuna kadar mutlu bir şekilde yaşamışlar.

Son

DEUTSCH

Die Prinzessin auf der Erbse

Es war einmal ein Prinz, der wollte eine Prinzessin heiraten, und es sollte eine richtige Prinzessin sein. Aber er fand einfach nicht die Richtige. An Prinzessinnen fehlte es zwar nicht, doch war er sich nie sicher, ob es auch richtige Prinzessinnen waren. Eines Abends zog ein furchtbares Unwetter herauf. Es blitzte und donnerte und regnete in Strömen.
Da klopfte jemand an das Schlosstor und davor stand ein tropfnasses Mädchen. Die Königin fragte es, wer es sei.

Bitte umblättern!

ENGLISCH

The Princess And The Pea

Once upon a time, there was a prince who wanted to marry a real princess. But it wasn't so easy to find a real princess. There were many women who said they were princesses but he was never absolutely certain if they were real or not. One evening there was a terrible storm with lightning, thunder and pouring rain. Someone knocked at the castle door and when the queen opened the door she found a very wet girl standing outside.
The queen asked who she was and the girl answered,

Please turn page!

Princeza na zrnu graška

Bio jednom jedan princ, koji je hteo da se oženi, ali jednom pravom princezom. Međutim nikako mu nije uspevalo da i takvu nadje. Princeza je, doduše, bilo dovoljno, ali on nikada nije bio siguran da su to bile i prave princeze. Jedne večeri je naišlo strašno nevreme. Sevalo je, grmelo i lilo kao iz kabla. Tada zakuca neko na vrata dvorca. Kada kraljica otvori vrata, vide devojku koja je bila mokra do gole kože. Kraljica je upita, ko je ona.

Okrenite stranicu!

Prenses ile bezelye

Bir zamanlar bir prenses ile evlenmek isteyen bir prens varmış. Gerçek bir prenses ile evlenmek istiyormuş. Aslında yeterince prenses varmış ama o bunların gerçekten prenses olup olmadıklarından emin değilmiş. Bir akşam hava çok kötüymüş. Şimşek çakıyor, gök gürlüyor, bardaktan boşanırcasına yağmur yağıyormuş. Sarayın kapısı vurulmuş ve yağmurdan sırılsıklam olmuş bir kız kapıda duruyormuş. Kraliçe, “Kim o?” Diye sormuş.

Sayfayı çevir!

„Ich bin eine richtige, echte Prinzessin", erwiderte das Mädchen. Die Königin wollte es nicht glauben, weil das Mädchen mit seiner schmutzigen Kleidung und den strähnigen Haaren gar nicht nach einer Prinzessin aussah. Sie ließ der Hofdame das Gästezimmer herrichten und zwanzig Matratzen auf das Bett legen. Ganz zu unterst aber versteckte sie heimlich eine Erbse. Denn die alte Königin war überzeugt, dass nur eine echte Prinzessin dies merken konnte. Die Prinzessin brauchte eine Leiter, um in ihr Bett zu klettern. Aber das arme Mädchen konnte die ganze Nacht kein Auge zumachen.
Am nächsten Morgen sah es sehr blass aus und hatte dunkle Ringe unter den Augen.

Bitte umblättern!

"I am a real and true princess." The queen couldn't believe it. The girl, whose clothing was dirty and whose wet hair was hanging in her face, certainly didn't look like a real princess. So the queen told one of the maids to make a special bed for the so-called princess in the palace guest room. The maid stacked up 20 mattresses and under the first mattress she hid a tiny little pea. The queen was very certain that a real princess would certainly notice that there was a pea under the bed. It was a hard night for the princess. The bed was so high that she needed a ladder to climb into it. And then the bed was so uncomfortable that she couldn't sleep a wink the whole night.
The next morning at breakfast she was very pale and had black rings under her eyes.

Please turn page!

Princeza na zrnu graška

"Ja sam jedna prava pravcata princeza", uzvrati devojka. Kraljica joj ne poverova, jer devojka sa tako prljavom odećom i raščupanom kosom nije uopšte izgledala kao princeza. Naredi služavci da uredi gostinsku sobu i pritom stavi na krevet dvadeset dušeka. Ali stara kraljica sakri skroz ispod tajno zrno graška, jer je bila ubeđena da samo prava princeza to može da oseti. Da bi se popela na krevet, princezi su bile potrebne merdevine. Uprkos tolikim dušecima, jadna devojka nije mogla cele noći ni oka da sklopi. Sledećeg jutra je bila veoma bleda i imala je tamne podočnjake ispod očiju.

Okrenite stranicu!

Prenses ile bezelye

O da, "Ben gerçek bir prensesim." diye cevap vermiş. Kraliçe ona inanmamış. Kirli elbisesi ve dağınık saçlarıyla hiç de bir prensese benzemiyormuş. Yardımcısına misafir odasını hazırlamasını ama yirmi tane yatağı üstüste koymasını söylemiş. Sonra bir bezelye tanesini gizlice yatağın en altına yerleştirmiş. Çünkü kraliçeye göre ancak gerçek bir prenses bunu hissedebilirmiş.

Prenses yatağa yatmak için bir merdivene çıkmak zorunda kalmış. Zavallı kızcağız bütün gece hiç uyuyamamış.
Ertesi sabah kalktığında gözleri uykusuzluktan dolayı çok kötü görünüyormuş.

Sayfayı çevir!

Die Prinzessin auf der Erbse

„Hast du gut geschlafen, Prinzessin?“, fragte die Königin. „Nein“, erwiderte die Prinzessin. „In meinem Bett lag etwas furchtbar Hartes, das drückte so sehr, dass ich unmöglich einschlafen konnte!“ Da wusste der Prinz, dass sein Gast eine richtige, echte Prinzessin war. Denn nur echte Prinzessinnen sind so empfindlich, dass sie durch zwanzig Matratzen hindurch eine Erbse spüren können. Der Prinz und die Prinzessin hielten Hochzeit und lebten glücklich miteinander bis ans Ende ihrer Tage.

Ende

Princeza na zrnu graška

“Jesi li dobro spavala princezo?”, upita je kraljica. “Ne,” odgovori princeza. “U mom krevetu je bilo nešto strašno tvrdo i toliko me je žuljalo, da nisam mogla nikako da zaspim!” Tada je princu bilo jasno da je njegova gošća bila prava princeza, jer samo prave princeze su tako osetljive da i kroz dvadeset dušeka mogu da osete zrno graška. Princ i princeza su se venčali i živeli srećno zajedno do kraja svog života.

Kraj

The Princess And The Pea

“Did you sleep well, princess?” asked the queen? “No,” replied the princess. “There was something under my bed. Something terribly hard and round and uncomfortable. I didn’t sleep a wink the whole night.”
Now the prince knew that his guest was really and truly a princess. Because only real princesses are so sensitive that they can feel a pea under twenty mattresses. So the prince and the princess got married and they lived happily ever after.

The End

Prenses ile bezelye

Kraliçe ona, “İyi uyuyabildin mi?” diye sormuş. Prenses cevap vermiş. “Hayır, yatağımda sert bir şey vardı. Beni o kadar rahatsız etti ki, uyumam mümkün değildi.”
Bunun üzerine Kraliçe misafirinin gerçek bir prenses olduğunu anlamış. Çünkü ancak gerçek bir prenses yirmi kat yatağın altına konan bir bezelyeyi hissedebilirmiş. Prens ve prenses evlenip hayatlarının sonuna kadar mutlu yaşamışlar.

Son

Rumpelstilzchen

Es war einmal ein Müller, der gab in einem Gespräch mit dem König an, dass seine Tochter aus Stroh Gold spinnen könne. Daraufhin lud der König das Mädchen zu sich ins Schloss, wies ihm sogleich ein Zimmer zu und ließ eine Menge Stroh bereitstellen.

„Bis morgen hast du das Stroh zu Gold gesponnen, wenn nicht, lasse ich dich töten", sprach der König. Eingesperrt in ein Zimmer voll mit Stroh, weinte das arme Mädchen, denn es konnte ja kein Stroh zu Gold verwandeln. Da erschien plötzlich ein kleines Männlein im Zimmer und sprach: „Was gibst du mir, wenn ich deine Arbeit für dich verrichte?"

Bitte umblättern!

Rumpelstilzchen

Once upon a time there was a miller, who told a king that his daughter could spin straw to gold.

The king found this a quite interesting idea and invited the girl to his castle. He put her in a room full of straw and said, "By tomorrow I expect you to spin all of this straw to gold. If not, you will die." He locked the girl into the room.

The girl began to cry because she had no idea how to spin straw to gold. Suddenly a little man appeared.

He asked her, "What will you give me if I do the work for you?"

Please turn page!

Rumpelštilchen

Bio jednom jedan vodeničar, koji se prilikom jednog razgovora sa kraljem pohvali, kako njegova kćerka poseduje sposobnost da prede zlato od slame. Nakon toga pozva kralj devojku sebi u dvor, dade joj jednu sobu i pripremi joj u njoj mnogo slame.
“Ako do sutra ne ispredeš zlato od ove slame, narediću da te ubiju,” reče kralj.
Zatvorena u sobi punoj slame jadna devojka je plakala, jer nije znala da slamu pretvara u zlato. Tada uđe u sobu jedan čovečuljak i reče: “Šta ćeš mi dati ako ja umesto tebe obavim ovaj posao?”

Okrenite stranicu!

Seksek Bacak

Bir zamanlar bir değirmenci varmış. Bir gün kral ile konuşurken ona kızının samanlardan altın yapabileceğini söylemiş. Bunun üzerine kral kızı sarayına davet etmiş. Ona bir oda göstermiş ve bir yığın da saman koymuş.
“Yarına kadar bunları altın yapacaksın, eğer yapamassan seni öldürteceğim!” demiş.
Samanlarla bir odaya kilitlenen kız ağlamaya başlamış. Çünkü samanları altına çeviremiyormuş.
Tam o sırada küçük bir adam odaya girmiş ve ona demiş ki, “Bu işi ben senin yerine yaparsam bana ne verirsin?”

Sayfayı çevir!

„Du sollst meinen Armreifen bekommen!“ Und so begann das Männlein zu spinnen, während die Müllerstochter einschlief. Als sie am nächsten Morgen munter wurde, fand sie drei mit Gold beladene Spulen an Stelle des Strohs. Der König war überglücklich und führte das arme Mädchen sogleich in ein weiteres Zimmer mit einer noch größeren Menge Stroh. Er versprach ihr, sie zu heiraten, sollte sie ein zweites Mal Stroh zu Gold gesponnen haben.
Auch diesmal sperrte er die kleine Müllerin in das Zimmer ein. Und kaum hatte sie über ihr Schicksal laut zu weinen begonnen, kam auch schon das geheimnisvolle Männlein. Diesmal aber hatte sie nichts, was sie ihm hätte geben können.
Und so musste sie versprechen, ihr erstgeborenes Kind dem Männlein zu schenken.

Bitte umblättern!

Rumpelstilzchen

The girl answered, “I will give you my bracelet!” and she handed it to him. The little man began to spin and the girl fell asleep. When she woke up the next morning there were three spools of gold next to her bed.

The king was very happy about this. He was a greedy man and he led the girl into another room which had even more straw in it. He promised to marry her if she turned this straw into gold too.
He locked her into the room and left. She started to cry and the little man appeared again. But this time she had nothing to give him.
So she had to promise to give the little man her first baby.

Please turn page!

Rumpelštilchen

“Dobićeš moju narukvicu!” I tako čovečuljak poče da prede. Dok je on to radio, vodeničareva kćerka zaspa. Kada se devojka sledećeg jutra probudi, nađe tri kalema namotana zlatom na mestu gde je bila slama.
Kralj je zbog toga bio presrećan te uvede devojku u drugu sobu u kojoj je bilo još više slame nego u prvoj. Obeća joj da će se oženiti njome, ako i drugi put uspe da zlato isprede od slame. I ovoga puta zatvori malu vodeničarku u sobu. Samo što poče da plače nad svojom sudbinom, tajanstveni čovečuljak se pojavi ponovo u sobi. Ali ovoga puta devojka ne imade ništa što bi mu mogla pokloniti. Zato mu obeća, da će mu dati svoje prvorođeno dete.

Okrenite stranicu!

Seksek Bacak

“Bileziğimi veririm”, demiş kız.
Böylece değirmencinin kızı uyurken küçük adam altın eğirmeye başlamış. Ertesi sabah kız uyandığında samanların yerinde altınlar olduğunu görmüş. Kral da buna çok memnun olmuş. Kızı bu sefer daha çok saman olan bir odaya sokmuş. Bu sefer de bu samanlardan altın yapabilirse kendisiyle evleneceğini söylemiş.
Kız yine ağlamaya başlayınca esrarengiz küçük adam yine çıkagelmiş. Ama kızın artık adama verecek bir şeyi yokmuş. Doğacak ilk çocuğunu adama vereceğine söz vermiş.

Sayfayı çevir!

Rumpelstilzchen

Als das arme Mädchen am nächsten Tage erwachte, stand ein ganzer Turm aus goldbeladenen Spulen vor ihrem Bett.
Der König hielt sein Versprechen und nahm die Müllerin zur Frau.
Die Monate verstrichen und als die Königin nach einem Jahr ihr erstes Kind auf die Welt brachte, hatte sie ihr Abkommen mit dem Männlein schon längst vergessen. Umso überraschter war sie, als es plötzlich vor ihr stand und seinen Lohn forderte.
Da sie sich natürlich weigerte, ihr Kind herzugeben, sagte das Männlein: „Also gut, ich lasse dir dein Kind, wenn du innerhalb von drei Tagen meinen Namen errätst."
Sie probierte alle möglichen Namen, doch keiner war der richtige.

Bitte umblättern!

Rumpelstilzchen

When the girl awoke the next day, she saw a tower of gold spools next to her bed.
The king kept his promise and married the miller's daughter. The months went by and after a year had passed, she had her first baby.
She had completely forgotten about her promise to the little man. So she was very surprised when he appeared one day and wanted to take her baby away. She refused to give the little man the baby and so he said, "I will let you keep your baby under one condition: Within 3 days, you must guess my name."
She guessed and guessed. She said every name she could think of.
But none of the names were correct.

Please turn page!

Rumpelštilchen

Kada se sledećeg jutra probudila, ispred nje je stajalo brdo kalema od zlata.
Kralj održa svoje obećanje i uze vodeničarku za ženu. Meseci su prolazili i kada je kraljica nakon jedne godine rodila svoje prvo dete, bila je već odavno zaboravila na dogovor sa čovečuljkom. Utoliko je i iznenađenje bilo veće kada ga je jednoga dana ponovo ugledala ispred sebe. Čovečuljak je došao po svoju nagradu.
Kraljica je naravno odbijala da mu da svoje dete, te čovečuljak reče: "U redu, možeš da zadržiš svoje dete, ako u roku od tri dana pogodiš moje ime."

Okrenite stranicu!

Ertesi sabah uyandığında yatağın önünde kule gibi yüksek sarılı altın makaralar duruyormuş.
Kral sözünü tutmuş, kızla evlenmiş. Aylar geçmiş, kraliçe olan kız ilk çocuğunu dünyaya getirmiş. Ama küçük adama verdiği sözü çoktan unutmuş. Bir anda adamı karşısında görünce çok şaşırmış ve çocuğunu ona vermeye tabii ki hiç yanaşmamış. Adam şöyle demiş, "Tamam", üç gün içinde benim adımı hatırlayabilirsen çocuğunu sana bırakacağım.

Sayfayı çevir!

Rumpelstilzchen

Sie fragte ihre Diener und den gesamten Hofstaat, doch keiner hatte einen ausgefallenen Namen zur Hand.
Kurz bevor die Frist abgelaufen war, erschien ein Bote, der alle erdenklichen Namen gesammelt hatte.
Er hatte im Wald ein kleines Männlein belauscht, das auf einem Bein um ein Feuer herum tanzte und dabei rief: „Ach wie gut, dass niemand weiß, dass ich Rumpelstilzchen heiß."

Bitte umblättern!

Rumpelštilchen

Ona je govorila sva moguća imena koja su joj padala na pamet, ali nijedno nije bilo tačno. Pitala je sve svoje sluge i čitav dvor, ali niko nije mogao da se seti čudnog imena. Malo pre nego što će isteći rok, stiže glasnik, koji je trebao da sakupi sva moguća imena. Ispričao je da je prolazeći kroz šumu prisluškivao jednog čovečuljka, koji je - dok je igrao na jednoj nozi oko vatre - govorio: "Srećan sam što nikom ne sine, da mi je Rumpelštilchen ime."

Okrenite stranicu!

Rumpelstilzchen

She asked all of the servants and all of the people in the kingdom. But no one could think of the correct name. Shortly before the three days had passed, she sent out a messenger to collect names from the next kingdom.
On his way to the next kingdom, he saw a little man in the woods. The man was dancing on one leg around a fire and singing, "This is such a lovely game. Lucky that no one knows Rumpelstilzchen is my name!"

Please turn page!

Seksek Bacak

Kız bütün isimleri saymış, ama hiç biri onun ismi değilmiş. Tüm hizmetçilere, sarayda çalışan herkese sormuş, kimse bilememiş.
Zaman dolduktan kısa bir süre sonra bir haberci gelmiş, ormanda bir ateşin etrafında dansederken bir yandan da, "Ne iyi, ne iyi kimse benim adımın Seksek Bacak olduğunu bilmiyor", diyen bir adam gördüğünü söylemiş.

Sayfayı çevir!

Rumpelstilzchen

Da war die Königin überglücklich. Und als kurz danach das Männlein erschien, zählte sie auf: „Heißt du etwa Gorgonius, Laurentius oder gar Rumpelstilzchen?“
Als das Männlein völlig unerwartet seinen Namen hörte, sprang es vor Ärger in die Luft und riss sich selbst aus lauter Zorn mitten entzwei.

Ende

Rumpelstilzchen

The messenger rushed home to inform the queen. She was very, very happy.
A short time later, the little man arrived. She asked him, “Is your name perhaps Gorgonius? Is it Laurentius? Or maybe it is Rumpelstilzchen?”
The little man was really surprised to hear her say that. And then he was very angry. He jumped in the air full of rage and tore himself in half!

The End

Rumpelštilchen

Kraljica je naravno zbog ovoga bila presrećna i kada se čovečuljak ubrzo nakon toga pojavi, ona poče da nabraja imena: “Da li se zoveš Gorgonije?
Ili možda Laurencije?
Ili čak Rumpelštilchen?”
Kada čovečuljak neočekivano ču svoje ime, skoči iz besa u vazduh i prepolovi se od silne ljutine.

Kraj

Seksek Bacak

Kraliçe buna çok sevinmiş. Biraz sonra adam gelmiş.
Kraliçe isimleri saymaya başlamış.
“Senin adın, Kepçe Kulak mı? Koca Göbek mi? Seksek Bacak mı?”
Adam hiç beklemediği bir anda ismini duyunca öfkesinden havaya zıplamış, sinirinden çatlamış ve ölmüş.
Kraliçe de çocuğu ve kral ile mutlu yaşamış.

Son

Dornröschen

Vor langer, langer Zeit lebten ein König und eine Königin. Ihre neugeborene Tochter war so schön, dass der König vor lauter Freude darüber ein großes Fest veranstaltete. Dazu lud er auch die weisen Frauen ein, damit sie dem Kind hold und gewogen wären. Obwohl es dreizehn weise Frauen in seinem Reich gab, konnte der König nur zwölf Frauen einladen, da er nur zwölf goldene Teller hatte.
Das Fest wurde mit aller Pracht gefeiert, und als es zu Ende war, beschenkten die weisen Frauen das Kind mit ihren Wundergaben: Die eine mit Tugend, die andere mit Schönheit, die dritte mit Reichtum, und somit mit all dem, was man sich auf der Welt nur wünschen konnte. Als die Elf ihre Sprüche getan hatten, trat plötzlich die dreizehnte weise Frau herein.

Bitte umblättern!

Sleeping Beauty

Once upon a time, long, long ago, a king and queen had a baby daughter, who was so beautiful, that the king decided to have a party to celebrate her birth. He wanted to invite the wise women in his kingdom to honor his baby daughter. There were 13 wise women in the kingdom, but unfortunately the king had only 12 golden plates for them to eat from. So one of the wise women had to stay at home.
It was a lovely party and at the end the wise women gave the child wonderful gifts: One gave it good character, another beauty, another riches and so on, so that the baby girl had everything in the world it could wish for. Just as the eleventh woman was saying what she wanted to give the child, the thirteenth wise woman entered the room.

Please turn page!

Trnova Ružica

Jednom davno, pre mnogo, mnogo vremena živeli su jedan kralj i jedna kraljica. Kralj odluči da rođenje svoje predivne kćerkice obeleži velikom gozbom. Na gozbu je pozvao vile kako bi bile naklonjene devojčici. U celom kraljevstvu ih je bilo ukupno trinaest, ali pošto je kralj imao samo dvanaest zlatnih tanjira iz kojih su mogle da budu poslužene, morala je jedna da ostane kod kuće.
Gozba je bila predivna i na kraju vile obdariše devojčicu najčudotvornijim darovima: jedna joj dade vrlinu, druga lepotu, treća bogatstvo i tako dalje, sve dok joj ne darovaše sve najlepše što se moglo poželeti. Kada je njih jedanaest završilo sa darivanjem, odjednom se pojavi trinaesta vila.

Okrenite stranicu!

Uyuyan güzel

Çok eski zamanlarda bir kral ve bir kraliçe varmış. Kızları o kadar güzelmiş ki, kral mutluluğundan büyük bir eğlence düzenlemiş. Bu eğlenceye akıl perilerini de çağırmış. Ülkede on üç peri varmış ama kral onların yemek yemesi için on iki altın tabak hazırlatmış. Bu durumda perilerden bir tanesi eğlenceye katılamamış.
Eğlence çok güzel bir şekilde kutlanmış ve eğlencenin sonuna gelindiğinde periler çocuğa olağanüstü yetenekler sunmuşlar. Biri asalet, diğeri zenginlik, diğerleri de insanın dünyada neye ihtiyacı varsa onları hediye etmişler.
Tam bu sırada on üçüncü peri oraya gelmiş.

Sayfayı çevir!

Sie wollte sich dafür rächen, dass sie nicht eingeladen war, und rief mit lauter Stimme: „Wenn die Königstochter fünfzehn Jahre alt ist, soll sie sich mit einer Spindel in den Finger stechen und daran sterben." Und ohne ein Wort weiter zu sprechen, drehte sie sich um und verließ den Saal. Alle waren erschrocken, da trat die zwölfte hervor, die ihren Wunsch noch übrig hatte, und weil sie den bösen Spruch nicht aufheben, sondern ihn nur mildern konnte, so sagte sie: „Es soll aber kein Tod sein, sondern ein hundertjähriger tiefer Schlaf, in den die Königstochter fallen werde."
Der König, der sein liebes Kind vor dem Unglück gern bewahren wollte, gab den Befehl, dass alle Spindeln im ganzen Königreiche verbrannt werden sollten.

Bitte umblättern!

She was angry that she had not been invited and she called out loudly, "When the king's daughter is fifteen, she will prick her finger on a spindle and she will fall over dead." Without speaking another word, she turned and left the room. Everyone was shocked.
The twelfth wise woman, who had not yet announced her gift, stepped forward. It was not possible for her to deny the thirteenth woman's wish but she could make it less severe.
So she said, "The princess will not die but she will sleep for 100 years."
The king, who wanted to protect his child, gave the order that all of the spindles in his kingdom be burned.

Please turn page!

Želela je da se osveti, jer nije bila pozvana, te reče glasno: “Kada kraljeva kćerka bude imala petnaest godina, ubošće se na vreteno i umreti.” Ne rekavši više ni reči, okrenu se i napusti salu.
Svi su bili uplašeni kada se iznenada pojavi dvanaesta vila, koja još nije bila darovala devojčicu. Pošto nije mogla da poništi kletvu već samo da je ublaži, reče: “Kraljeva kćerka neće umreti, nego pasti u dugi, stogodišnji san.”
Kralj, koji je svoje voljeno dete hteo da zaštiti od nesreće, naredi da se zapale sva vretena u kraljevstvu.

Okrenite stranicu!

Toplantıya davet edilmediği için intikam almak istiyormuş. Şöyle demiş, „Kralın kızı onbeş yaşını doldurunca eline bir iğne batacak ve ölecek.“ Başka bir şey söylemeden çıkıp gitmiş. Herkes çok şaşırmış. O sırada henüz kıralın kızı için bir istekte bulunmayan on ikinci peri bu kötü haberi yok edememiş ama hafifletmiş. Demiş ki, „Prenses ölmeyecek sadece yüzyıllık bir uykuya dalacak.“ Kral kızını bu talihsizlikten korumak istemiş. Hemen bir emir vermiş, „Ülkedeki bütün iğler yakılacak!“

Sayfayı çevir!

An dem Mädchen aber wurden die Gaben der weisen Frauen allesamt erfüllt, denn es war so schön, sittsam, freundlich und verständnisvoll, dass jedermann sie lieb hatte.
An ihrem fünfzehnten Geburtstag waren der König und die Königin nicht zu Hause. Da erkundete Dornröschen das Schloss und kam zu einem alten Turm. Oben im Turm saß eine alte Frau mit einer Spindel und spann emsig Flachs.
Neugierig nahm das Mädchen die Spindel und stach sich damit in den Finger, so wie es der Fluch vorausgesagt hatte.

Bitte umblättern!

Sleeping Beauty

As the years passed, all the wishes of the other wise women came true: Sleeping Beauty was so beautiful, kind, friendly and understanding that all the people in the kingdom loved her.
On her 15th birthday, the king and the queen were not at home. Sleeping Beauty wondered around the whole palace and came to an old tower. High up in the tower, an old woman was sitting at a spindle busily spinning flax. The girl was curious. She took the spindle and pricked her finger with it, just as the thirteenth woman had said.

Please turn page!

Trnova Ružica

Devojka je rasla i na njoj se videlo da su se ostvarila sva proročanstva dobrih vila, jer je postala lepa, dobra, ljubazna i razumna, tako da su je svi voleli.
Na devojčicin petnaesti rođendan kralj i kraljica nisu bili kod kuće. Trnova Ružica je radoznalo razgledala dvorac i tako stigla do jedne kule. Tamo je sedela jedna starica za vretenom i marljivo prela lan.
Radoznala devojka uze vreteno i ubode se njim u prst, baš kao što je kletvom i bilo prorečeno.

Okrenite stranicu!

Uyuyan güzel

Kralın kızı için perilerin bütün dilekleri gerçekleşiyormuş. Prenses herkes tarafından sevilen, güzel, terbiyeli, sevimli, anlayışlı bir kız olmuş.
Prensesin on beş yaşını doldurduğu gün kral ve kraliçe sarayda değillermiş. Prenses bütün sarayı gezmeye başlamış. Bir kuleye çıkmış, kulede yaşlı bir kadın çıkrıkta ip eğiriyormuş.
Meraklı prenses çıkrığın iğini eline almış ve iğ parmağına batmış.

Sayfayı çevir!

Sie fiel auf das Bett und versank in einem tiefen Schlaf. Und dieser Schlaf verbreitete sich über das ganze Schloss: Der König und die Königin, die eben heimgekommen waren, und der ganze Hofstaat mit ihnen.

Rings um das Schloss aber begann eine Dornenhecke zu wachsen, die jedes Jahr höher wurde, so dass gar nichts mehr von dem prachtvollen Gebäude zu sehen war.

In den folgenden Jahren kamen viele Königssöhne, die das schlafende Dornröschen retten wollten, aber keinem war es gelungen, die Dornenhecke zu durchdringen.

Bitte umblättern!

She fell on the bed and into a deep sleep.

And this sleep spread throughout the castle: The king and the queen, who had just returned home, and the whole court fell asleep too.

Thorny hedges started to grow around the castle. Each year they got higher and higher so that soon it was impossible to see the beautiful castle.

Through the years many princes came and wanted to save Sleeping Beauty, but the thorny bushes were too thick and none of the princes were successful.

Please turn page!

Pade u krevet i utonu u duboki san. Prokletstvo se proširi na čitav dvor i odjednom zaspaše svi: kralj i kraljica čim su se vratili kući, a sa njima i svi ostali dvorjani.

Nakon toga oko dvora poče da raste bodljikava ograda, koja je iz godine u godinu bila sve viša, tako da se prelepi dvorac uopšte više nije video.

Sledećih godina dolazili su mnogi prinčevi, koji su pokušavali da spase uspavanu Trnovu Ružicu, ali nijednom to nije pošlo za rukom.

Okrenite stranicu!

Prenses derin bir uykuya dalmış. Sonra bu uyku bütün saraya yayılmış. Saraya dönen kral ve kraliçe, sarayda çalışan herkes uyuyup kalmışlar.

Sarayın etrafını dikenli otlar kaplamış. Her sene bu otlar o kadar büyümüş ki, kocaman saray bile otlardan görünmez olmuş.

Sonraki yıllarda pek çok prens uyuyan güzeli uyandırmak için uğraşmış ama bunu başaramamış.

Sayfayı çevir!

Dornröschen

Nach langer, langer Zeit kam wieder einmal ein Königssohn in das Land und hörte, wie ein alter Mann erzählte, es solle hinter einer mächtigen Dornenhecke ein Schloss verborgen sein, in dem eine wunderschöne Königstochter, Dornröschen genannt, schon seit hundert Jahren schliefe, und mit ihr schliefe der König und die Königin und der ganze Hofstaat.
Da machte sich der Königssohn auf zum Schloss. Nun waren aber gerade die hundert Jahre verflossen, und der Tag war gekommen, wo Dornröschen wieder erwachen sollte. Als der Königssohn sich der Dornenhecke näherte, waren es lauter große schöne Blüten, die Hecke öffnete sich und ließ ihn unbeschädigt hindurch.

Bitte umblättern!

Sleeping Beauty

After a long time, a prince came to this country and heard an old man telling the story of a castle behind the thorny hedges and a beautiful princess called Sleeping Beauty, who had been sleeping there together with the king, the queen and the whole court for a 100 years. The prince went to the castle. Exactly 100 years had passed and this was the day on which Sleeping Beauty should awake. As the prince came closer to the thorny hedges, he saw big beautiful flowers which parted in front of him and let him pass through the hedges to the castle.

Please turn page!

Trnova Ružica

Posle mnogo vremena dođe u kraljevstvo ponovo jedan princ i ču od jednog starca, da se iza bodljikave ograde skriva jedan dvorac. Starac mu još reče da u njemu već sto godina spava jedna prelepa kraljeva kćer, po imenu Trnova Ružica, a sa njom zajedno kralj i kraljica i svi dvorjani. Tada princ odluči da se uputi ka dvorcu. U međuvremenu je prošlo već sto godina od kako je devojka utonula u duboki san, i stigao je dan kada je trebala da se probudi. Kada se princ približio bodljikavoj ogradi, ona se pretvori u predivne cvetove koji su se pomerali sami od sebe i puštali ga da neometano prođe.

Uyuyan güzel

Yıllar sonra bir gün ülkeye bir prens gelmiş. Yaşlı bir adam ona çok güzel olan bir prensesin, kral ve kraliçenin, sarayda çalışan herkesin derin bir uykuda olduklarını söylemiş.
Prens saraya doğru yaklaşmış. Aradan tam yüzyıl geçtiğinden uyuyan prensesin artık uyanması gerekiyormuş. Prens dikenlere yaklaşınca her tarafı güzel çiçekler kaplamaya başlamış.

Sayfayı çevir!

Dornröschen

Da ging er weiter und endlich kam er auch zu dem Turm und öffnete die Türe zu der kleinen Stube, in der Dornröschen friedlich schlief. Die Prinzessin war so schön, dass er die Augen nicht abwenden konnte, und er bückte sich und gab ihr einen Kuss. Da erwachte Dornröschen, schlug seine Augen auf und blickte den Prinzen liebevoll an. Und mit Dornröschen erwachte auch der gesamte Hofstaat aus dem tiefen Schlaf. Ein großes Fest wurde organisiert, die Hochzeit des Königssohns mit Dornröschen wurde in unvorstellbarer Pracht gefeiert, und sie lebten vergnügt bis an ihr Ende.

Ende

Trnova Ružica

Princ je išao sve dalje i konačno je stigao do kule. Kada otvori vrata jedne male sobe, ugleda Trnovu Ružicu, koja je mirno spavala.
Bila je toliko lepa da princ nije mogao da odvoji pogled sa nje. Sagnu se i poljubi je. Tada se devojka probudi, otvori oči i pogleda princa zaljubljenim pogledom. Sa njom se probudiše i svi ostali dvorjani iz svog dubokog sna.
Venčanje princa i Trnove Ružice bilo je raskošno, i oni su živeli srećno do kraja svog života.

Kraj

Sleeping Beauty

He went into the castle and finally he came to the tower. He opened the door to the small room where Sleeping Beauty was sleeping peacefully. She was so beautiful, that he could not take his eyes off her. He bent down and gave her a kiss. Sleeping Beauty awoke, opened her eyes and looked at the prince lovingly. And at the same time the whole court awoke from its deep sleep.
Sleeping Beauty and the prince had a royal wedding and they lived happily ever after.

The End

Uyuyan güzel

Prens yürümeye devam etmiş, kuleye gitmiş, kapıyı açınca prensesi uyur vaziyette görmüş.
Prenses o kadar güzelmiş ki, prens ondan gözünü ayıramamış. Yaklaşıp onu öpmüş. Prenses uyanmış, prense sevgi ile bakmış.
Onunla birlikte bütün saray çalışanları da derin uykularından uyanmışlar.
Büyük bir eğlence düzenlenmiş.
Prens ve prensesin düğünleri yapılmış.
Onlar da hayatlarının sonuna kadar mutlu bir şekilde yaşamışlar.

Son

Der Wagen ohne Pferde

Es war einmal in alten Zeiten ein König, der hatte drei Söhne. Die zwei älteren hielten sich immer in der Nähe des Vaters auf, der Jüngste jedoch bei den Schweinehirten, Dienern und Kutschern. Sogar das Abendbrot nahm er nie mit dem Vater und den Brüdern ein; er aß lieber gemeinsam mit der Dienerschaft aus einer Schüssel. Dem König und den Brüdern war das nicht recht, doch den Jüngsten kümmerte das wenig, da er sich unter den einfachen Leuten sehr wohl fühlte.

So wuchsen die drei Königssöhne auf. Die zwei Älteren in Brokat und Seide, der Jüngste aber in Sandalen und mit einem „ehrenwerten“ * Käppchen.

Bitte umblättern!

The Horseless Carriage

Once upon a time, there lived a king who had three sons. The two older sons always stayed close to their father, but the youngest liked being with the shepherds, the servants and the carriage drivers. He even ate his dinner out of the same bowl with the servants rather than eating with his father and his brothers. The king and his older sons disliked this very much, but the youngest son didn't care because he was happy among simple people.

This is how they grew up. The older boys dressed in silk and lace. The younger boy dressed in sandals and had a true heart.

Please turn page!

Kola bez konja

Bio jedared u stara vrimena jedan kralj, pa imao tri sina. Dva se vazda vrte oko oca, a najmlađi među svinjarima, slugama i kočijašima, pa još ni za večeru ne dolazi kod oca i među braću, neg iz zdile sa slugama. Nije to pravo kralju ni njegovim sinovima, al najmlađem ni brige, kad se on dobro osića među poštenim ljudima.
Poodrasla tako kraljeva tri sina, pa dva starija u svili i kadifi, a najmlađi u opancima i čestitoj šepici;

Okrenite stranicu!

Atsız araba

Bir varmış, bir yokmuş. Bir padişahın üç oğlu varmış. Büyük oğlu ile ortanca oğlu babalarının yanından ayrılmazken, küçük oğlu sürekli çobanlarla, hizmetçilerle ve halayıklarla zamanını geçiriyormuş. Hatta akşam yemeğini bile, kardeşleri ve babası ile değil, hizmetçilerle yermiş. Küçük kardeş bunu umursamazmış. Büyük ve ortanca kardeş ipekli kumaşlar giyerken, küçük kardeş "muhteşem" bir şapka ve terliklerle dolaşırmış.

Sayfayı çevir!

Und jeder, der ihn nicht kannte, würde nicht auf den Gedanken kommen, dass er kein echter Schweinehirt sei. Die Zeit verging und alle drei wurden alt genug, um heiraten zu können. Eines Tages schlug der Vater ihnen vor, dass sie einen König aufsuchen sollten, der in einem fernen Land lebte und eine Tochter hatte.

Zuerst brach der Älteste auf, selbstverständlich in einem Gewand aus Seide und Gold. Als er bei jenem König, der eine heiratsfähige Tochter hatte, eintraf, erzählte er, woher und warum er kam. Dem König war es recht und er freute sich über die Geschenke, die der Junge für seine Tochter mitgebracht hatte. Er fragte den Jungen weder nach seiner Herkunft noch nach seinem Namen. Er war bereit, ihm die Tochter zur Frau zu geben, doch sagte er noch: „Es ist mir egal, Söhnchen, auch wenn du ein Bettlersohn bist, doch ich kann dir meine Tochter nur dann versprechen, wenn du sie zum Lachen bringst."

Dann erzählte der König dem Jungen, dass seine Tochter noch nie gelacht hätte. Sie sei immer traurig. Als ihre Mutter im Sterben lag, mußte ihr der König versprechen, die Tochter nur jenem zu geben, der sie zum Lachen bringen würde.

Bitte umblättern!

Anyone, who did not know him, would believe that he was a shepherd and not a real prince. Time went by and soon all three sons were old enough to get married. One day their father suggested to them, that they should search in a far away place for a king who had a daughter they could marry. The oldest son left first, naturally in a robe made of silk and gold. As he finally came to a king who had a daughter whom he might marry, he told him where he came from and why he came. The king seemed satisfied and was pleased about the gifts the boy had brought for his daughter. He didn't ask the young man for his name or his origin. He would give him his daughter as a wife but he added: "I don't care if you are a beggar's son, but I can only give you my daughter if you can make her laugh!"

The king told the young man that his daughter had never laughed before in her life. She was always sad. When her mother was on her deathbed, he promised her that he would only give their daughter to the man who could make her laugh.

Please turn page!

Si ko ga ne zna nikad ne bi ni pomislio, da to nije pošten svinjar. Tako sva trojica odrasli za ženidbu, pa ih otac uputi, da idu tom i tom kralju.

Ode prvo najstariji, dabogme sav u svili i zlatu, i kad je došo do tog kralja, koji je imao udavaču, kaže, otkud je i zašto je došo. Ovom kralju drago, što su mu na ćer doneli dar, pa ni ne pita mladoženju, ko je i šta je. Dat će mu ćer, al kaže: - Ne marim ja, sinko, ako si i prosjački sin, al ti ćer možem dati samo onda, ako je nasmiješ.

Ispripovida on momku, da se njegova ćer još nikad u životu nije nasmijala. Ona je vazda tužna, i kad joj je mater umirala, kralju je ostavila u zavit, da ćer uda samo za onog, ko je bude razveselio i nasmijo.

Okrenite stranicu!

Tonu görenler, padişah çocuğu değil, çoban sanırmış. Böylece çocuklar büyümüş. Evlilik yaşına gelmişler. Bir gün babaları evlilik için diğer padişahları ziyaret etmelerini istemiş.

İlkönce büyük kardeş yola çıkmış. Yanına ipekli kumaşlar ve altınlar almış. Az gitmiş, uz gitmiş. Sonunda evlilik yaşına gelmiş bir kız çocuğuna sahip bir padişahın yanına varmış. Niçin ve nereden geldiğini anlatmış. Beraberinde getirdiği hediyeleri padişahın kızına vermiş. Padişah, kızına getirilen hediyelere sevinmiş. Büyük kardeşe ne ismini ne de kim olduğunu sormuş. Ona, kızını vermeye razı olmasına razıymış, ama demiş ki: "Dilenci çocuğu bile olsan önemli değil. Eğer kızımı güldürebilirsen, kızımı seninle evlendiricem!"

Sayfayı çevir!

Er fügte noch hinzu, er hätte viel darüber nachgedacht und er glaube, dass nur ein Wagen, der ohne Pferde fahre, seine Tochter zum Lachen bringen könnte.

Als der Junge das hörte, bereitete er sich vor und ging in den Wald, um einen solchen Wagen zu bauen. Er zimmerte und arbeitete, als eines Tages ein alter Bettler vorbeikam und fragte: „Oh, Gott, mein Söhnchen, was machst du denn da?“

Der Junge aber war sehr verärgert, da er arbeiten mußte und weil sich ein Bettler in die Arbeit eines Königssohnes einmischte. Deshalb schrie er den Alten an: „Was geht dich das an? Verschwinde, Alter, bevor ich dich mit dem Beil treffe!

„Geht das mich nichts an, so geht es auch dich nichts an“, erwiderte der Bettler und ging weiter.

Bitte umblättern!

The Horseless Carriage

He added that he had thought a lot about it and believed that the only thing that could make his daughter laugh would be a horseless carriage.

As soon as the king's son heard this, he went out into the woods to build such a carriage. He was working very hard sawing and hammering as one day an old beggar came by and asked, "By the Lord, my son, what are you doing there?"

The beggar's words made the young man very angry. How dare a beggar interfere in the work of a king's son? So he screamed at the old man: "What business is it of yours? Go away, you old man, before I hit you with my axe!"

"If it is none of my business, then it is none of yours either." replied the beggar and went on his way.

Please turn page!

Kola bez konja

Kaže onda još kralj, da je tako šta mislio, da bi njegovu ćer mogla nasmijati kola, koja bi išla bez konja.
Kad je tako, mladoženja se spremi i ode u šumu, da teše taka kola. Teše on tu i radi, kad li jednog dana naiđe jedan stari prosjak i zapita:
- Alaj, sinko, šta ti to radiš?
Onaj je srdit, što i radit mora, a još više je srdit, što se u poso kraljevog sina pača jedan prosjak, pa drekne na didu: - Šta se to tebe tiče? Neg se vuci otud, matori, dok te ne maknem sikirom.
- Ako se ne tiče mene, a ne tiče se ni tebe, - kaže prosjak i ode lipo dalje.

Okrenite stranicu!

Atısz araba

Daha sonra padişah, kızın bütün yaşantısı boyunca hiç gülmediğini, devamlı üzgün olduğunu, annesi ölüm döşeğindeyken kızını güldürenle evlendireceği için söz verdiğini anlatmış.
Padişah biraz düşündükten sonra, ancak atsız bir arabanın kızını güldürebileceğine inandığını söylemiş.
Bunları duyan büyük kardeş, ormanın yolunu tutmuş. Başlamış çalışmaya.Bir gün oradan geçen yaşlı bir dilenci sormuş: “Burada ne yapıyorsun oğlum?“ Büyük kardeş yaşlı bir dilencinin, padişah oğlunun işine karışmasına çok kızmış. Bağırmış: “Sana ne? Balta ile kafanı kopartmadan defol!” Yaşlı dilenci uzaklaşmış.

Sayfayı çevir!

Der älteste Sohn arbeitete noch eine Weile, bis er schließlich einsah, dass aus diesem Wagen nichts mehr würde. Er warf sein Werkzeug weg und kehrte nach Hause zurück. Dort erzählte er, wie es ihm ergangen sei.
Bald darauf entschloss sich der König, den mittleren Sohn auf die Reise zu schicken. Es wurde alles vorbereitet, sogar ein großer Kuchen. Der jüngste Sohn aber hörte und beobachtete alles und einmal, als niemand in der Nähe war, brach er eine Hälfte des Kuchens ab und versteckte ihn in seiner Tasche. All das, was der ältere Bruder vorbereitete, bereitete auch er vor und als der Ältere aufbrach, schlich der Jüngste ihm heimlich nach.
Der mittlere Königssohn kam in den Wald, wo er den ganzen Tag zimmerte und arbeitete. Er hatte noch nicht einmal richtig angefangen als auch bei ihm jener Bettler erschien und fragte: „Was machst du da, Söhnchen?“
„Was geht dich das an? Verschwinde, bevor ich dich mit diesem Beil erschlage,“ brüllte der Königssohn den Alten verärgert an.
„Wenn das mich nichts angeht, weiß Gott, geht das auch dich nichts an,“ sagte der alte Bettler und ging seines Weges.

Bitte umblättern!

The oldest son worked a while longer until he finally realized that he would never be able to build such a carriage. He threw away his tools and went back home, where he told his family what had happened. Soon the king decided to send off his second oldest son. Everything was prepared, even a big cake was made. The youngest son listened and watched everything and then, when no one was watching, he tore the cake in two pieces and hid one piece in his bag. Everything that the second oldest brother prepared, the youngest son also prepared. As the middle son left, his younger brother secretly followed him.
The second oldest brother entered the woods and started to work. He sawed and hammered the whole day. He wasn’t very far yet, when the same old beggar came along and asked him: “What are you doing there, young man?”
“What business is it of yours? Go away, you old man, before I hit you with my axe!” the boy screamed at the man.
“If it is none of my business, then it is none of yours either.” replied the beggar and went on his way.

Please turn page!

Ovaj je tu teso, dok mu sikira nije zarđala; i jedared vidi, da od tih kola ne će biti ništa, pa baci sikiru i ode kući. Kaže on kako je prošo, i sad će kralj spremati srednjeg sina.
Spremili njemu sve, pa i veliku pogaču, a najmlađi sin sve to sluša, i kad niko nije vidio, brže-bolje odlomi polak pogače, pa sebi u torbu. Što stariji brat sprema, to i on, i kad je stariji pošo, a najmlađi u potaji za njim. Evo sridnjeg kraljevog sina u šumi, pa se latio i teše po čitav dan. Nije se dobro ni latio, kad li se kod njega pojavi onaj prosjak i zapita:
- Šta ti to, sinko, radiš!
- A šta se to tebe tiče? Neg se vuci otud, dok te ne maznem ovom sikirom, - rasrdi se ovaj kraljev sin.
- Kad se mene ne tiče, bogme se ne tiče baš ni tebe,- kaže njemu stari prosjak i ode lipo dalje.

Okrenite stranicu!

Büyük kardeş bir süre daha çalışmış.
Bakmış ki yaptığı iş bir şeye benzemeyecek, malzemeleri toplamış. Evin yolunu tutmuş.
Bir süre sonra, padişah ortanca oğlunu yola çıkarmaya karar vermiş. Her şey, hatta büyükce bir pasta bile hazırlanmış. Küçük kardeş dikkatle hazırlıkları izlemiş. Kimsenin bulunmadığı bir anda pastayı ikiye bölmüş. Yarısını alarak çantasına saklamış. Ortanca kardeş, yolculuk için ne hazırlamışsa, o da hazırlamış. Ortanca kardeş yola çıkınca o da gizlice peşine takılmış. Ortanca kardeş ormana gelmiş. Çalışmaya başlamış. O anda dilenci görünmüş:
"Burada ne yapıyorsun oğlum?" diye sormuş. "Sana ne? Balta ile kafanı kopartmadan defol!" diye bağırmış ortanca kardeş. Yaşlı dilenci gücenmiş, oradan uzaklaşmış.

Sayfayı çevir!

Der zweite Sohn plagte sich weiter, doch auf einmal erkannte auch er, dass daraus nicht einmal ein Karren für einen Esel, geschweige denn ein Wagen, der von alleine fährt, werden kann.

Der Jüngste zimmerte brav und überlegte immer wieder, wie er es am besten machen könnte, als eines Tages auch bei ihm der Bettler erschien.

„Was möchtest du da machen, Söhnchen?“ fragte der Bettler.

„Was ich machen möchte, weiß ich genau, mein Väterchen, nur leider weiß ich nicht, ob daraus was werden wird.“

„Und warum sollte nichts daraus werden, wenn du es wirklich willst?,“ sagte der alte Mann lächelnd.

Der Junge erzählte ihm, was er machen wollte und wie der Wagen aussehen sollte. Der Bettler hörte ihm genau zu und war der Meinung, dass das alles eigentlich möglich sei und dass auch er ihm gerne helfen würde. „Deine Hilfe würde ich sehr gerne annehmen, mein liebes Väterchen, doch denke jetzt nicht an die Arbeit sondern nimm was zu dir, um dich zu stärken. Schau, dort ist meine Tasche und drinnen gibt es etwas zu essen. Ruh dich aus und genieße das Essen.“

Bitte umblättern!

The king’s son worked a bit longer, but soon he also realized that not even a donkey would be able to pull his carriage. And it certainly would never become a horseless carriage.

The youngest son sawed and hammered and thought a lot about the best way to make a horseless carriage until the old beggar came by one day. He asked him, “What are you doing there, young man?” “I know exactly what I want to build, old man, but I am not sure if I will manage.”

“And why should you not manage, if you really want it?” asked the old man smiling.

The young man told him what he had planned and how the carriage should look. The beggar listened very closely and said that generally everything is possible. He asked if he should help him.

“I would be thankful for your help, old man, but don’t think of work now. Have something to eat. It will give you strength. Take my bag, old man, and inside you will find something to eat. Just sit down and enjoy the cake.”

Please turn page!

Ovaj se tu sad mučio, al jedared i njegova luda glava vidi, da od tog neće biti ni dvokolice za magarca, a ne kola, koja će sama ići.
Najmlađi lipo teše, pa se sve misli, kako bi i šta, kad li jedared evo i do njega onog prosjaka.
- A šta bi ti to sinko, htio napraviti?
- zapita prosjak.
- Ja znam, šta bih htio, samo, dida moj slatki, na znam, da l će od toga biti štogod.
- A zašto ne bi moglo, kad ti baš hoćeš, nasmije se dida. Momak ispripovida, šta bi on i kako htio izdeljati, a prosjak mu kaže, da to bogme može i da bude, pa ako nije na odmet, on će mu i pomoći.
- Na odmet mi nisi, dida moj slatki i rođeni, al nemoj se ti laćati posla, neg se radije okripi. Eno moje torbe i u njoj polak pogače, pa se, dida, odmori i čestito prihvati.

Okrenite stranicu!

Ortanca kardeş de çalışmış, çalışmış. Ama sonunda değil atsız araba, bir yük arabası bile yapamayacağını anlamış.
Küçük kardeşi ise, önce nasıl bir araba yapacağını iyice düşünmüş. Sonra çalışmaya başlamış. Bir gün yaşlı dilenci onun da yanına gelmiş: "Burada ne yapmak istiyorsun oğlum?" diye sormuş. "Ne yapmak istediğimi biliyorum. Ama başarıp başaramayacağımı bilmiyorum" demiş.
Yaşlı adam gülümsemiş. "Eğer gerçekten istiyorsan başarırsın" demiş. Küçük kardeş yaşlı adama ne yapmak istediğini ve arabanın nasıl olması gerektiğini anlatmıs.
Yaşlı dilenci dikkatle dinlemiş. Ona yardım etmek istediğini söylemiş.
Küçük kardeş:
"Yardımını sevinerek kabul ederim. Ama şimdi işi düşünme! Benim çantam orada. Önce birşeyler ye, karnını doyur, dinlen!" demiş.

Sayfayı çevir!

„Und wie soll ich dir helfen?“, fragte der Alte.

„Laß das und sei mir nicht böse, mein Väterchen, aber du bist schon alt und ich sage dir, du hast in deinem Leben mehr als genug gearbeitet.“ - Der Alte wußte, dass der Junge recht hatte und dennoch sagte er ihm, er solle sich keine Sorgen um ihn machen; noch könne er arbeiten und ihm bei der Arbeit helfen. Wenn es dem Jungen recht sei, dann könnten sie gemeinsam die Arbeit anpacken. Weder dem Königssohn noch dem Bettler fiel das Arbeiten schwer. Der Junge hatte nämlich sein ganzes Leben lang gearbeitet und auch beim Bettler konnte man sehen, dass er bei der Arbeit nie der letzte war.

Als das Väterchen aus seiner Tasche noch ein Beil holte, hatten die beiden den Wagen bald fertiggestellt. Sobald der Wagen bereitstand, staunte der Junge. Der Bettler zog nämlich vier Äpfel aus seiner Tache; und zwar vier goldene und er setzte sie auf die Nägel. „Steig jetzt in den Wagen, und sag ihm, wohin du willst und der Wagen wird dich sicher dorthin bringen“, sagte der Bettler. Der Junge wußte vor lauter Staunen nicht, was er tun und fragen sollte.

Bitte umblättern!

“And how can I help you?” the beggar asked again.

“Don’t be angry with me, old man, but you are old and I believe that you have worked more than enough in your lifetime!” The old man knew that the boy was right, but still he told him not to worry about him. He was still able to work and to help. If the boy would accept his offer, they could work together. And so they did. It wasn’t hard for the boy nor for the old man to do the work. The boy had always been a hard worker and he could tell that the old man was also still very strong. The beggar pulled an axe out of his bag and very soon the two of them had finished their task. The boy was amazed as the beggar took four golden apples and four golden nails out of his pocket. With the nails, he hammered the golden apples onto the wheels.

“And now, young man, step into your carriage and tell it where you want to go. It will surely take you there.” the old man said. Out of pure amazement, the boy didn’t know what to say or do.

Please turn page!

- A šta da ti pomognem?
- Ma nemoj uzeti za zlo, dida moj rođeni, al si većstari, pako velim, dosta si se u životu naradio. Vidi dida, da momak ima pravo, al mu kaže, da se ništa ne stara; još on može i da radi i da mu čestito pomogne. Kad je tako, a momku drago, pa se njih dvojica prihvate posla. Ni kraljevom sinu poso nije težak, kad je čitavog života radio, a bogme se i na prosjaku vidi, da na poslu nije bio posljednji. Uzo dida iz torbe i dobru maklju i začas njih dvojica izdeljali kola. Kad su kola bila gotova, a momak se onda samo začudio.
Prosjak vadi iz torbe četiri jabuke, a te jabuke zlatne, pa ih lipo namisti za čivije.
- Sidi sad u kola, pa samo kaži, kuda želiš, a kola će te tamo i poneti,
- kaže prosjak.Momak od čuda ne zna, šta bi radio i šta bi pito.

Okrenite stranicu!

"Sana nasıl yardım edebilirim?" diye tekrarlamış yaşlı adam.
"Sen yaşlısın. Çalışmaya gücün yok. Lütfen darılma!" demek zorunda kalmış küçük kardeş.
Yaşlı adam, küçük kardeşin haklı olduğunu bilmesine biliyormuş ama ona merak etmemesi gerektiğini söylemiş. Beraberce işe koyulmuşlar. Küçük kardeş işe yabancı değilmiş.
Yaşlı dilencinin de usta ellere sahip olduğu her halinden belliymiş.
Araba kısa sürede tamamlanmış.
Yaşlı dilenci küçük kardeşin şaşkın bakışları arasında çantasından dört tane altın elma çıkarmış. Arabadaki çivilere yerleştirmiş. "Arabaya bin, nereye gitmek istiyorsan söyle, araba seni oraya götürür!" demiş yaşlı dilenci. Küçük kardeş ne yapacağını bilmiyormuş.

Sayfayı çevir!

Er starrte den Wagen an und plötzlich fiel ihm ein, dass es anständig wäre, sich beim Väterchen zu bedanken. Doch als er sich umdrehte, war der Bettler schon verschwunden. Der Junge rief ihn und schrie laut, doch der Alte war nicht zu finden. Was sollte der Junge tun, als in den Wagen zu steigen und ihm befehlen, ihn zu der Tochter des Königs zu bringen. Sobald er dies gesagt hatte, setzte sich der Wagen von allein in Bewegung, als ob ihn hundert Pferde ziehen würden. Der Wagen rollte über die Straße und kam an einem See vorbei. Dort bereiteten sich vier Mädchen auf das Baden vor. Schon zogen sie ihre Sandalen aus und legten ihre Kopftücher ab, als sie den Jungen auf dem Wagen bemerkten. Doch ihr Interesse galt weder dem Jungen noch dem Wagen, der sich von allein bewegte, sondern einzig und allein den goldenen Äpfeln. Auch die goldenen Nägel fesselten ihre Blicke. Sie konnten ihre Blicke nicht von den goldenen Nägeln abwenden und schnell überlegten sie, wie sie die goldenen Äpfel stehlen würden. Sie begannen zu laufen und währenddessen besprachen sie, welche von ihnen welchen Apfel stehlen sollte. Der Junge schaute weder rechts noch links, sondern nur vor sich hin.

Bitte umblättern!

He stared at the carriage and suddenly he remembered that it would be polite to thank the old man for his help. But as he turned around, he realized that the beggar had disappeared. The king's son called out loudly, but the old man was nowhere to be found. So he could do nothing other than step into the carriage and tell it to bring him to the king's daughter.

As soon as he said those words, the carriage started rolling on its own, as if a hundred horses were pulling it. The carriage rolled across the street and passed a lake where four girls were getting ready to go swimming.

They had already taken off their sandals and head scarves, when they saw the boy in the carriage. But they weren't interested in the boy, nor in the horseless carriage. Only the golden apples and nails had caught their attention.

They couldn't take their eyes off of the nail and apples and as they started running, they discussed which girl would steal which apple.

The king's son didn't look to the left or the right, only straight ahead.

Please turn page!

Zagleda jedan čas u ta kola, i onda se siti, da je red da se didi i zafali; al kad se okrene, a prosjaka nigdi. Viče on njega i zaziva na sve strane, al dida ni od korova. Šta će momak neg sidne u kola i dabogme kaže, da krenu kod divojke. Kako on to reko, a kola odoše sama, ko da ih sto konja vuče. Iđe on sad drumom i tako naiđe nuz jedno jezerce. Tamo se četiri divojke baš spremaju za kupanje. Izule već opanke i odrišile marame, kad li primete momka na kolima. Nisu one opazile ni momka, ni to, da kola iđu bez konja, već samo zlatne jabuke. Prikovale im se oči za zlatne čivije i začas smislile, kako će te jabuke ukrasti. Prve su potrčale, a onda se dogovorile, koja će koju ukrasti. Momak ne gleda nikud, već samo prid sebe,

Okrenite stranicu!

Bakışları arabaya takılıp kalmış.Birden yaşlı adama yardımı için teşekkür etmesi gerektiği aklına gelmiş. Arkasına dönmüş, yaşlı adamı görememiş. Bağırmış, çağırmış ama yaşlı adamı bulamamış. Arabaya binmekten ve padişahın sarayına gitmekten başka yapacağı bir şey yokmuş. Yaşlı adamın kendisine söylediğini yapmış. Araba hareket etmeye başlamış. Kısa bir süre sonra bir gölün kıyısına varmış. O anda dört genç kız gölde yüzmeye hazırlanıyorlarmış. Başörtülerini ve ayakkabılarını çıkarırken arabayı görmüşler. Bakışları altın elmalara takılmış, kalmış. Elmaları nasıl çalacaklarını düşünmüşler.Kimin hangi elmayı alacağını kararlaştır-mışlar. Koşmaya başlamışlar. Küçük kardeş sağına soluna hiç bakmıyormuş.

Sayfayı çevir!

Er war ja unterwegs, weil er um die Hand des Mädchens anhalten wollte. Die vier holten inzwischen den Wagen ein und jede von ihnen versuchte einen Apfel zu erreichen. Doch als sie die Äpfel berührten, blieben ihre Hände daran kleben. Der Wagen fuhr aber weiter und die Mädchen liefen ihm nach. Der Junge hörte und sah nichts; er wußte, dass der Wagen den gewünschten Weg sowieso von alleine finden würde. So fuhr der Wagen über Berge und durch Täler, als er plötzlich ein Dorf erreichte.
Dort vertrieben sich vier Jungen ihre Zeit mit Nichtstun und als sie die vier Mädchen bemerkten, rief einer: „Schau, die vier Dummen! Sie schämen sich nicht, einem einzigen Jungen nachzulaufen; und dabei noch halb ausgezogen!“
Echte Faulpelze waren diese Burschen, doch jetzt sprangen sie, wie vom Blitz getroffen, auf und sie nahmen sich vor, die Mädchen an ihren Haaren zu erwischen. Gedacht, getan! Doch jedem, der die Zöpfe eines Mädchens berührte, blieb die Hand kleben und er konnte sie nicht mehr loskriegen.

Bitte umblättern!

He didn't care about the people around him. He was only thinking of the king's daughter whom he wanted to marry. The four girls had now reached the carriage and each one of them tried to take an apple. But as soon as they touched the apple, their hands were glued to it. The carriage kept on rolling so the girls had to run along with it. The boy inside didn't see or hear anything. He knew his carriage would take him where he wanted to go. And so he drove on, passing over hills and through valleys, until he suddenly came to a town.
There were four boys there, who were spending their time doing nothing. When they saw the four girls, one boy called out: "Look at those four silly girls! They aren't ashamed to be running after a single boy. And they're not even fully dressed!"
The boys were real lazybones, but as soon as they saw this scene, they jumped up and decided to pull these girls' hair. And so they did! But as each of them touched the hair of one of the girls, they stuck to it. Their hands were attached to the girls' hair and they couldn't free themselves.

Please turn page!

SERBISCH

Skad ide da zaprosi divoj-ku. Ove četiri začas stigle do kola, i svaka za svoju jabuku, al kad su dotakle jabuku, tako im se ruke i zalipile. Odoše kola, a divojke za njima ko bez duše. Momak nit gleda nit čuje, kad zna, da njegova kola i tako iđu tamo, kud je smislio.
Kola tako prolaze kroz planine i doline, kad jedared dođu pod jedno selo. Linčare tu četiri momka, i kad su opazili divojke, jedan poviče:
- Gle ove četiri batinare. Nije im sramota da sve četiri trče za jednim momkom, i to još tako napola raz-odivene!
Baš su linčine ovi momci, al sad skoče ko opaljeni, pa će divojke zgrabiti za kose. Šta su smislili, to su i uradili. Al koji zgrabio divojku za pletenice, tako mu se ruka zali-pila, pa ni da za dlaku varne s njom sa pletenice.

Okrenite stranicu!

TÜRKISCH

Dört kız arabaya ulaşmışlar. Elmalara dokundukları an, elleri elmalara yapışıp kalmış. Araba yoluna devam etmiş. Genç kızlar da peşinde. Küçük kardeş, arabanın yolu kendiliğinden bulacağını bildiğinden rahatmış. Böylece araba az gitmiş, uz gitmiş, dere tepe düz gitmiş. Bir köyün içinden geçerken işsiz güçsüz dört delikanlı arabayı ve peşinde koşan dört genç kızı görmüşler. Dört delikanlıdan biri bağırmış: "Şu aptallara bak! Bir gencin peşinde, üstelik yarı çıplak koşmaktan utanmıyorlar."
Dört delikanlı çok tembellermiş. Ama o an yerlerinden ok gibi fırlamışlar. Genç kızları saçlarından yakalamak istemişler. Her biri bir genç kızın saçına dokunduğu an elleri yapışıp kalmış.

Sayfayı çevir!

So lief die ganze Schar dem Wagen nach und schrie, doch der Junge hörte und sah nichts. Er kümmerte sich nicht um die Angelegenheiten der anderen. Der Wagen fuhr weiter und siehe, er erreichte das nächste Dorf genau zu der Zeit, als ein altes Weib eine Schaufel, mit der man das Brot in den Ofen schiebt, in die Hand nahm. Das Weib bemerkte die komische Gesellschaft hinter dem Wagen, vergaß dabei ihr Brot und ihren Ofen und ohne zu überlegen, lief sie, den Brotschieber in der Hand, den Burschen nach. „Schau dir das an, diese Hundesöhne, wie sie dem Wagen nachlaufen!“schrie sie und schlug einem von den Burschen mit ihrem Werkzeug auf den Rücken. Doch kaum dass sie ihn erwischte, blieb sie an ihm kleben und lief hinter dem Wagen her. Der Wagen fuhr durch die Gegend und kam in das nächste Dorf. Hier kam ihnen ein alter Mann mit seinen nagelneuen Sandalen über der Schulter entgegen. Und wie die Männer so sind, bemerkte auch er nichts anderes als das Weib; er nahm seine Sandalen von der Schulter und schrie:
„Schau dir dieses alte Weibsbild an! Über die Jungen braucht man sich nicht wundern, aber dieses alte Frauenzimmer! Wie hat sich dieses Unkraut in diese gesellige Runde eingepflanzt?“

Bitte umblättern!

And so all eight of them were now running behind the carriage, crying and shouting, but the king's son neither heard nor saw anything.
The carriage kept on rolling to the next town. It passed an old woman who was holding a wooden paddle in her hand. The kind of wooden paddle which is used to put bread into the oven. The old woman saw the strange group of boys and girls running behind the carriage and, completely forgetting about her bread, she ran after them.
“Look at those silly kids running behind a carriage!” she called out and hit one of the boys with her bread paddle on the back.
But as soon as it touched the boy, it got stuck and so the old woman had to run along as well.
But the carriage kept on rolling and it wasn't long until it came to the next town. An old man was walking along the street carrying his brand-new sandals in his hand. He saw the old woman and shouted: “Look at that old hag! It doesn't surprise me that the boys are acting this way. But what on earth is this old hag thinking?”

Please turn page!

Trči sad društvo pa viče, al momak na kolima nit čuje nit vidi: ne obazire se on na tuđe stvari. Iđu tako kola, i evo njih pod drugim selom, a tamo jedna baba baš dohvatila lopatu, s kojom se kruv meće u peć. Opazila baba društvo za kolima, pa zaboravila i krušac i peć, i poleti s lopatom za momcima.
- Gle ti đubrad psećiju, kako se lipo povaćali, pa kasaju sa kolima!
Udari ona jednog momka lopatom ispod krstiju, a kako lopatom udari, tako se ona i zalipila i ode sad i baba za kolima.
Kola prolaze kroz selo, a tu jedan dida nosi preko ramena nove novcate opanke. Dida ko dida, nije drugog spazio, već babu, pa opanke s ramena i poviče: - Gle ti ovog đavola matorog! Za mlade nije ni čudo, al ovaj stari grob? Kud se ova rogoza nasadila u ovo kolo?!

Okrenite stranicu!

Böylece hepsi arabanın peşinden koşmaya başlamışlar, bağırıp, çağırmışlar. Küçük kardeş, ne bir şey görmüş, ne de duymuş. Araba
yoluna devam etmiş. Bir köye geldiği an, yaşlı bir kadın fırına ekmek atıyormuş. Arabayı gören yaşlı kadın ekmeği unutmuş. Kürek elde gençlerin peşinde koşmaya başlamış.” Şu köpek çocuklarına bak,arabanın arkasından nasıl da koşuyorlar!” diye bağırmış. Kürekle bir delikan-lının sırtına vurmak istemiş. Kürek ve kadın yapışıp kalmışlar. Böylece yaşlı kadın da arabanın peşinden koşmaya başlamış. Araba yoluna devam ederek bir sonraki köye gelmiş.
Yaşlı bir adam omuzunda ayakkabıları ile arabayı ve peşindekileri görmüş. Yaşlı kadına gözü ilişince, ayakkabıları eline alarak bağırmış: “Şu yaşlı cadıya bak! Gençlere katılmaktan utanmıyor.”

Sayfayı çevir!

Er nahm einen Anlauf und fiel mit den Sandalen über das Weib her. Sobald die Sandalen die Frau berührten, blieben sie kleben und nun mußte auch der alte Mann dem Wagen nachlaufen; So irrten sie durch die Gegend, aber der Junge auf dem Wagen schwieg und schaute nur vor sich hin. Sie ließen viele Berge und Täler hinter sich und auf einmal bog der Wagen ein. Und wohin schon? Genau vor die Burg der traurigen Braut. Sobald der Wagen die Burg erreichte, versammelten sich die Leute und lachten über die ungewöhnliche Gesellschaft hinter dem Wagen.

Die Menge lachte laut und unaufhaltsam, so daß darauf auch die Königstochter aus der Burg angelaufen kam; als sie dies alles sah, begann auch sie zu lachen und ihr Lachen übertönte alles andere. Auch der König wunderte sich über diesen Lärm und dieses Lachen und als er hinaus ging, hat er einiges zu sehen bekommen; seine Tochter lachte. Er freute sich darüber und die Tochter lief zu ihm und sagte: „Vater, ich werde keinen anderen als diesen Jungen da heiraten."

„Es wäre wirklich unanständig, wenn du dein Wort nicht halten würdest," sagte der Junge vom Wagen herab.

Bitte umblättern!

He ran towards her and tried to hit her with his sandals. But as soon as the sandals touched her, they stuck tight and so the man had no choice but to run along with all of them. Once again, the young man did not notice them.

And so they rolled and rolled along, leaving hills and valleys behind them and then, suddenly, the carriage took a turn. Finally they reached the castle where the sad princess lived with her father. People from everywhere gathered around the carriage and started laughing about this funny sight.

They laughed so hard and so loud that the princess came running out of the castle to see what was happening. As soon as she saw the carriage, she started laughing as well. Her laughter was louder and more beautiful than all of the others.

The king stepped out of his castle as well to see what all this laughing was about and saw the most beautiful thing: his daughter was laughing! He was very happy about this. The princess ran to him and said, "Father, I want to marry this young man! It is only correct that you keep your promise."

The young prince spoke from his carriage.

Please turn page!

Zatrči se dida, pa babu opancima. Kako opanci babu dohvatiše, tako se i zalipiše, pa sad i dida lipo i pošteno trči za kolima. Tako su oni sad hodili i brodili, a momak na kolima samo ćuti i gleda preda se.

Prišli su oni planine i doline i jedared kola lipo utrću, kuda, neg baš prid dvore žalosne udavače. Čim su kola došla do dvora, a ono se svit skupio, pa se smije čudnom društvu iza kola. Smije se svit da se sve ori, pa na to istrčala i kraljeva ćer; i kad je sve to vidila, počela se smijati tako, da je nadsmijala sav svit. Začudi se kralj toj graji i smijanju, pa kad je istrčo, ima šta i da vidi: njegova ćer se smije! Obraduje se on, a ćer otrči prid njega i kaže:

- Babo, ja ću se udati za ovog momka i ni za koga drugog.
- Lipo bi bilo, kad još ne bi htila, - na to će momak s kola.

Okrenite stranicu!

Yaşlı adam koşmuş, ayakkabılarıyla kadına vurmak istemiş.

O da yapışıp kalmış. Yaşlı adam da böylelikle arabanın arkasından koşmaya başlamış. Küçük kardeşin olup bitenden haberi yokmuş. Böylece az gitmişler, uz gitmişler, dere tepe düz gitmişler. Araba bir viraj almış ve durmuş.

Nerede mi durmuş? Tam da üzgün prensesin sarayının önünde.

Arabayı görenler başlamışlar gülmeye. Yüksek sesle gülmeleri duyan padişahın kızı da meraklanmış, koşarak gelmiş. Arabayı ve peşindekileri görünce yüksek sesle gülmeye başlamış. Öyle gülmüş ki sesi diğerlerinin sesini bastırmış. O an dışarı çıkan padişah hayrete düşmüş. Kızını gülerken görünce sevinmiş.

Kız koşarak babasının yanına gelmiş. "Baba, ben bu gençten başkasıyla evlenmem!" demiş.

O anda arabadan inmekte olan küçük kardeş, padişaha yönelmiş: "Umarım sözünüzü tutarsınız!" demiş.

Sayfayı çevir!

„Denn ganz bestimmt habe ich diesen Wagen aus keinem anderen Grund gebaut, als aus dem Grund, dich zum Lachen zu bringen und dich als Ehefrau zu bekommen.“ Es war jetzt nicht mehr schwer, eine Hochzeit vorzubereiten, da schon alle versammelt waren. Schon wollten sie aufbrechen, als der Junge sagte: „Wir alle sind da und doch fehlt einer. Käme doch zu meiner Hochzeit auch mein guter Bettler, der mir geholfen hatte, den Wagen zu bauen; erst dann würden wir alle da sein.“ Kaum sagte er das, schon hörte er eine Stimme hinter sich: „Und wer hat dir gesagt, dass ich nicht hier bin?“

Der Junge drehte sich um. Und wen sah er da? Niemand anderen als den alten Bettler. Der Junge freute sich wie vielleicht noch nie zuvor in seinem Leben; er umarmte und küsste den alten Bettler und dieser ihn. Darauf fragte der Junge: „He, mein liebes Väterchen, würde ich Sie nicht beleidigen, wenn ich Sie bitte an Stelle meines Vaters zu treten?“ Dem Bettler schmeichelte das und alle Hochzeitsgäste waren gesund, fröhlich und glücklich. Und warum?

Bitte umblättern!

“That is true - because the only reason I built this carriage was to make you laugh and to make you my wife.” It didn’t take much time to prepare the wedding, seeing that everybody was already gathered around the carriage. As they wanted to start, the prince said, “Everybody is here except for one very important person. If only the old beggar who helped me could come to my wedding, then everything would be perfect!” As soon as he spoke these words, he heard a voice behind him say, “And who said I’m not here?”

The boy turned around and to his surprise he saw the old beggar. The prince was perhaps happier than he had ever been before. He hugged and kissed the beggar and asked, “Old man, would I insult you if I asked you to take the place of my father?”

The beggar was flattered and all the wedding guests were happy, amused and healthy. And why?

Please turn page!

- Nisam valjda ova kola za drugo pravio, već zato, da te nasmijem i da mi budeš žena.
Nije bilo teško odmah svatove napraviti, jer se tu i tako skupio sav svit. Nisu se oni ni mislili, neg odmah udare u svatove, al se momak dositi pa kaže: - Svi smo tu, al opet nismo svi. Da mi je još došo u svatove moj slatki i rođeni prosjak, koji mi je pomogo praviti kola, onda bi bili svi na okupu.
To on reče, kad li začuje iza sebe glas: - A ko ti je rekao, da ja nisam tu!

Obazre se momak i koga vidi, neg baš glavom starog prosjaka. Obraduje se momak, kako valjda još nikada u životu nije, pa zagrli i izljubi starog prosjaka, a ovaj njega, i momak onda kaže: - E, dida moj slatki i rođeni, ako vas ne bi uvridio, da mi budete miesto oca. Drago to sad prosjaku, pa svi svatovi čili i veseli, a di ne bi i bili,

Okrenite stranicu!

Atısz araba

Düğün hazırlıkları başlamış. Küçük kardeş, yaşlı dilenciyi düşünmüş. "Biri dışında hepimiz buradayız. Yaşlı adam olmadan tamam sayılmayız." demiş. Daha sözünü bitirmeden arkasından biri: "Benim burada olmadığımı kim sana söyledi?" demiş. Küçük kardeş arkasına dönmüş. Kimi mi görmüş? Elbette yaşlı dilenciyi! Küçük kardeş çok sevinmiş. Yaşlı dilenciyi kucaklamış, öpmüş.
"Senden babamın vekilliğini yapmamı istersem kızarmısın?" diye sormuş. Bu teklif yaşlı adamın çok hoşuna gitmiş. Bütün misafirler çok mutluymuşlar. Çünkü, arabanın peşinden koşan dört kız ile dört delikanlı ve yaşlı kadın ile yaşlı adam da evlenmişler.

Sayfayı çevir!

Ganz einfach darum, weil sich alle, die Burschen und die Mädchen, das alte Weib mit der Schaufel und der alte Mann mit den Sandalen in diesem Moment von den goldenen Nägeln losreißen konnten. Sie alle hatten eine lange Reise überstanden und jetzt wollten auch sie heiraten: die vier Burschen die vier Mädchen und die alte Frau den alten Mann. „Seht ihr", sagte der alte Bettler zu den Brautpaaren, „ihr alle habt einander ausgelacht. Und erst als ihr begonnen habt, von ein- und demselben Brot zu essen habt ihr eingesehen, dass keiner von euch besser als der andere ist. Ihr wollt heiraten, weil ihr erkannt habt, dass ihr füreinander bestimmt seid." „Es wäre gut, mindestens einen Brotlaib gemeinsam zu essen, und selbst wenn das auch jener wäre, den ich damals, als wir dem Wagen hinterherliefen, vergaß, in den Ofen zu bringen", sagte das alte Weib. „Ein Brot und ein Leid, das ist das selbe," begann der Bettler wieder zu sprechen. „Jetzt wisst ihr wenigstens, dass ihr nicht umsonst gelacht habt und dass nichts ohne Grund geschieht, sondern alles seinen Grund hat."
So feierten sie Hochzeit, freuten sich und ehrten einander. Auch ich war dabei und freute mich mit ihnen. Es soll jedoch keiner von euch denken, dass auch ich dem Wagen nachgelaufen bin.

Ende

Bemerkungen des Übersetzers:
* ... mit „ehrenwerten" Käppchen ...
- Kopfbedeckung als Statussymbol für alle, die dem einfachen Volk, das in diesem Volksmärchen als der Träger der positiven Tugenden (Ehrlichkeit, Fleiß, Rücksicht) auftritt, nahestehen oder zu ihm gehören.

The Horseless Carriage

Because at that very moment, the four girls, the four boys, the old woman and the old man were suddenly not stuck to the carriage anymore. They had survived a long journey and now they wanted to get married as well: the four girls to the four boys; and the old woman to the old man.
"Look" said the beggar to all of the brides and grooms, "You all laughed at each other. It was only when you shared the same misery that you realized that no one of you is better than the other. You want to get married now because you discovered that you were all made for each other."
"It would be nice, if we could all eat a loaf of bread together. Even if it

should be the loaf I left behind when I started to run after the carriage." the old woman said.
"Sharing bread and sharing misery is almost the same thing," the beggar said. "Now you know why you were laughing before and you also know that nothing happens without a reason."
And so they all celebrated the wedding and were happy for themselves and for each other. I was there myself and was happy for them. But I hope no one believes that I was also stuck to the carriage.

The End

Kola bez konja

svi, kad se u to i momci i divojke, pa i ona baba s lopatom i dida s opancima odlipiše od zlatnih čivija. E, al su oni dosta svita zajedno pretrčali. Pa momci ko momci, divojke ko divojke! A odnikud baba udovica, a dida udovac, pa se lipo cilo društvo oženilo.
- Eto vidite, kaže onda prosjak mladencima. - Svi ste vi jedno drugog ismijivali, a kad ste počeli isti jedan krušac, onda ste vidili, da jedan od drugog niste bolji. Zato ste se i uzeli, što ste uvidili, da ste jedni za druge.
- Dobro bi bilo, da smo barem ili jedan krušac, pa makar i onaj, što sam ga zaboravila metniti u peć,- na to će baba, - al smo mi zajedno trčali.
- Jedan krušac i jedna nevolja, to vam je isto, opet će stari prosjak.
- Sad barem znate, da se niste uzalud smijali, i da se ništa ne događa naprazno, već sve ima svog temelja.
Tako su oni sad lipo svetkovali, veselili se i častili, i ja sam tamo bio i s njima se veselio; al vam moram kazati, da kogod od vas ni slučajno ne pomisli, da sam i ja za kolima trćo.

Kraj

OBJAŠNJENJA: Šepica - kapica; maknuti - udariti, ubiti; pobro, pobratim - prijatelj; maznuti - udariti; maklja - blanja; čivija - čavao; varnuti - trgnuti, maknuti; mator - star; rogoz - slama, šaš.

Atısz araba

"Görüyormusunuz?" demiş yaşlı
dilenci, "hepiniz birbirinizi alaya aldınız. Eğer baştan biraz düşünseydiniz, kimsenin diğerinden üstün olmadığını fark ederdiniz. O zaman birbirinizle evlenmeye karar verebilirdiniz." Herkes ermiş muradına. Darısı bu masalı okuyan ve dinleyenlerin başına!

Son

Rotkäppchen

Es war einmal ein junges Mädchen, das von allen Rotkäppchen genannt wurde, weil ihm seine Mutter einen roten Umhang mit Kapuze genäht hatte. Eines Tages trug die Mutter Rotkäppchen auf, einen Korb mit Kuchen und Wein zur kranken Großmutter in den Wald zu bringen. „Dass du dich aber ja vor dem bösen Wolf in Acht nimmst!“, mahnte die Mutter.

Bitte umblättern!

Little Red Riding Hood

Once upon a time there was a girl, whom everyone called Little Red Riding Hood. They called her this because she always wore a beautiful red cape with a hood on it, which her mother had sewn for her. One day, the mother asked Little Red Riding Hood to take a basket with cake and wine to her sick grandmother, who lived in the woods. She said, “But remember, Little Red Riding Hood! Be careful of the big bad wolf!”

Please turn page!

Crvenkapica

Bila jednom jedna devojčica koju su svi zvali Crvenkapica, jer joj je mama sašila crveni ogrtač sa kapuljačom.
Jednoga dana zamoli mama Crvenkapicu da odnese bolesnoj bakici, koja je živela u šumi, korpu sa kolačima i vinom. „Ali obrati pažnju na zlog vuka!", opomenu je mama.

Okrenite stranicu!

Kırmızı şapkalı kız

Bir zamanlar annesinin ona diktiği kırmızı şapka yüzünden "Kırmızı Şapkalı Kız" diye adlandırılan bir kız çocuğu varmış.
Annesi bir gün büyükannesine götürmesi için hazırladığı pasta ve şarabı bir sepete koyup ona vermiş. Büyükannesi ormanda oturuyormuş. Ormandaki büyük kurt'a dikkat etmesi için annesi onu uyarmış.

Sayfayı çevir!

Rotkäppchen nickte und machte sich auf den Weg. Er führte durch den dunkelsten Teil des Waldes und Rotkäppchen blieb immer brav auf dem ausgetreten Pfad. Doch plötzlich sprang hinter einem Baum der böse Wolf hervor. Rotkäppchen fürchtete sich sehr, als es den Wolf sah. Der aber war sehr freundlich zu ihm und fragte es, wo es den hingehe. Da fürchtete sich Rotkäppchen gleich viel weniger und gab dem Wolf bereitwillig Auskunft. Doch indessen schmiedete der Wolf bereits einen bösen Plan. Rotkäppchen verabschiedete sich nun vom Wolf und ging weiter zum Haus der Großmutter.

Bitte umblättern!

Little Red Riding Hood

Little Red Riding Hood promised to be careful, took the basket and started out for grandmother's house. The path led through the darkest parts of the forest. Little Red Riding Hood remembered her mother's words and stayed on the path. Suddenly the wolf jumped out from behind a tree! Little Red Riding Hood was afraid but the wolf was very friendly and polite. He asked her where she was going and because he had such good manners, she wasn't afraid anymore. She told him she was going to her grandmother's house. The wolf was very crafty and he quickly made a plan in his head. He politely said goodbye to Little Red Riding Hood and then hurried off to grandmother's house.

Please turn page!

Crvenkapica

Crvenkapica klimnu glavom i ode. Put do bake je vodio kroz naj-tamniji deo šume i Crvenkapica se njega strogo držala. Ali odjednom iskoči opaki vuk iza jednog drveta. Crvenkapica se veoma uplaši, kada ga vide. Međutim on je bio veoma ljubazan i upita je kuda ide. Takvo ponašanje vuka učini da se Crvenkapica smesta oslobodi straha. Ona mu reče da ide svojoj baki.

Okrenite stranicu!

Kırmızı şapkalı kız

Kırmızı Şapkalı Kız başını sallamış ve yola koyulmuş. Kurt, ormanın karanlıklarında dolaşıyormuş. Kırmızı Şapkalı Kız da kendi yolundan gidiyormuş. Aniden bir ağacın arkasından kurt çıkmış. Kırmızı Şapkalı Kız kurt'u görünce çok korkmuş. Kurt ona bir şey yapmamış. Sadece nereye gittiğini sormuş. Küçük kızın korkusu azalmış ve nereye gittiğini söylemiş. Kurt kötü bir plan kurmuş. Kırmızı Şapkalı Kız'dan ayrılmış ve büyükannenin evine doğru gitmeye başlamış.

Sayfayı çevir!

Rotkäppchen

DEUTSCH

Der Wolf jedoch war listig und nahm eine Abkürzung, überraschte die arme alte Frau, sperrte sie in den Schrank und legte sich mit ihrem Gewand verkleidet in das warme Bett. Endlich kam auch Rotkäppchen zum Haus der Großmutter und trat in die gute Stube. Als es näher ans Bett trat, bemerkte es, dass die Großmutter heute irgendwie merkwürdig war. „Großmutter, was hast du für große Ohren?“, fragte Rotkäppchen. „Damit ich besser hören kann!“, antwortete der Wolf. „Großmutter, was hast du für große Augen?“, wunderte sich Rotkäppchen weiter. „Dass ich dich besser sehen kann!“, war die Antwort.

Bitte umblättern!

Little Red Riding Hood

ENGLISCH

He took a short-cut and got there before Little Red Riding Hood. He locked her poor, old grandmother in the closet, put on her nightgown and then laid down in her bed. Finally Little Red Riding Hood arrived and entered the house. As she came closer to the bed, she noticed that grandmother looked a bit strange today. “Grandmother, what big ears you have!” she said. The wolf answered in a high and squeaky voice, “All the better to hear you with!”

“But grandmother, what big eyes you have!” said Little Red Riding Hood. “All the better to see you with!” answered the wolf.

Please turn page!

SERBISCH

U tom momentu je vuk već počeo da kuje plan.
Crvenkapica se oprosti od njega i nastavi svoj put ka bakinoj kući. Ali lukavi vuk pobeže prečicom ka Crvenkapinoj baki, zatvori jadnu staricu u ormar i leže u bakinoj odeći u njen topli krevet. Konačno stiže i Crvenkapica do bakine kuće i uđe u sobu. Kada se približil kreve-tu primeti da joj baka nekako čudno izgleda.
"Bako, bako, zašto imaš tako velike uši?" – "Da te bolje čujem!", odgovori vuk. "Bako, bako, zašto imaš tako velike oči?", čudila se i dalje Crvenkapica. "Da te bolje vi-dim!" bi odgovor.

Okrenite stranicu!

TÜRKISCH

Kısa bir yoldan büyükannenin evine varmış. İhtiyar kadını dolaba kitlemiş. Kendisi de onun kıyafetlerini giyip yatağa girmiş.
Daha sonra Kırmızı Şapkalı Kız büyükannesinin evine gelmiş.
Yatağa yaklaşınca ninesinin biraz değişik göründüğünü farketmiş.
"Büyükanne senin kulakların neden böyle büyük?" Diye sormuş.
"Seni daha iyi duyabilmek için" diye cevap vermiş ninesi.
"Gözlerin neden böyle büyük?"
"Seni daha iyi görebilmek için" demiş ninesi.

Sayfayı çevir!

„Aber Großmutter, was hast du für einen entsetzlich großen Mund?“

Da konnte sich der Wolf nicht länger beherrschen, sprang aus dem Bett und rief: „Damit ich dich besser fressen kann!“ Rotkäppchen schrie und bangte um sein Leben.

Genau zu diesem Zeitpunkt ging der Jäger des Waldes vorbei und hörte Rotkäppchens Hilferufe. Er stürmte in das Haus der Großmutter und mit einem Schuss aus seinem Gewehr erledigte er den Wolf.

Nun befreite Rotkäppchen die Großmutter aus dem Kasten, die ihr vor Freude um den Hals fiel. Überglücklich bedankten sich Großmutter und Rotkäppchen bei dem Jäger für ihre Rettung und Rotkäppchen versprach, nie mehr mit einem bösen Wolf zu sprechen.

Ende

“But grandmother, what a big mouth you have!” said Little Red Riding Hood.

“All the better to eat you with!!!” shouted the wolf as he jumped out of bed and tried to catch Little Red Riding Hood. Little Red Riding Hood screamed and screamed.

At exactly this moment a hunter was walking past the house and heard her cries. He rushed into the house and shot the wolf dead.

Then Little Red Riding Hood let grandmother out of the closet. They both thanked the hunter over and over for saving their lives and Little Red Riding Hood promised that she would never again speak to a big bad wolf!

The End

„Ali bako, zašto imaš tako užasno velika usta?"
Tada vuk nije mogao više da se suzdrži, skoči iz kreveta i viknu: "Da te bolje pojedem!" Crvenkapica je vrištala i vrištala, strahujući za svoj život. Baš tada je prolazio lovac pored bakine kuće i čuo devojčicine pozive u pomoć. On upade u bakinu kuću i jednim hicem ubi vuka. Zatim Crvenkapica oslobodi baku, koja je bila zatvorena u ormaru. Baka joj se od sreće baci u naručje. Presrećne, Crvenkapica i baka zahvališe se lovcu što ih je spasio i Crvenkapica obeća da nikada više neće pričati sa zlim vukom.

Kraj

"Ama büyükanne ağzın neden böyle büyük?" diye sorunca "Seni daha iyi yiyebilmek için" diye bağıran kurt Kırmızı Şapkalı Kız'ı yemeye başlamış.
Tam bu sırada ormanın avcısı evin önünden geçiyormuş ve Kırmızı Şapkalı Kız'ın bağırmasını duymuş. Hemen eve girmiş silahından çıkan tek bir kurşunla kurtu öldürmüş. Hem Kırmızı Şapkalı Kız'ı, hem de büyükanneyi kurtarmış. Her ikisi de avcıya kendilerini kurtardıkları için teşekkür etmişler. Kırmızı Şapkalı Kız bir daha kötü kurtla konuşmayacağına söz vermiş.

Son

Die Schöne und das Biest

DEUTSCH

Es lebte einmal ein schöner Prinz, der einer alten Frau den Einlass in sein Schloss verweigert hatte. Diese war jedoch eine mächtige Zauberin gewesen, die den eitlen Prinzen in ein hässliches Tier verwandelte. Wenn er nicht eine Frau finden würde, die ihn wirklich liebte, bevor das letzte Blatt einer verzauberten Rose herabfiel, würde er auf ewig verdammt sein, als Biest zu leben.

Zur gleichen Zeit lebte ein alter Mann im benachbarten Dorf, der hatte eine wunderschöne Tochter namens Belle. Sie lebten zusammen in einem kleinen Häuschen, wo Belles Vater an seinen Erfindungen arbeitete. Eines Tages musste Belles Vater fortgehen, um seine neueste Erfindung zu verkaufen.

Bitte umblättern!

Beauty And The Beast

ENGLISCH

Once upon a time, a handsome prince refused to let an old woman enter into his castle. She was actually a mighty magician and she changed the prince into an ugly animal. She said that the only way he could remove her curse was if he found a woman, who really loved him.

He had to find her before the last petal of a rose fell to the ground. Otherwise he would remain an ugly animal forever.

At the same time, an old man, who was an inventor, lived with his beautiful daughter, Belle, in a small house in a village nearby. One day Belle's father left home because he wanted to sell his newest invention.

Please turn page!

Lepotica i zver

Živeo jednom jedan lepi princ, koji je jednoj starici bio zabranio prilaz svom dvorcu. Starica je, međutim, bila moćni čarobnjak, te je uobraženog princa pretvorila u ružnu životinju. Osim toga rekla mu je da je jedini način da skine čini sa sebe bio da nađe ženu koja će ga stvarno voleti. To je, međutim, trebalo da se dogodi pre nego što začarana ruža izgubi i poslednju laticu. U suprotnom biće osuđen da svoj celi život provede kao zver.
U isto vreme živeo je u susednom selu jedan stari čovek, koji je imao prekrasnu kćerku po imenu Lepa. Živeli su u malenoj kući u kojoj je Lepin otac radio na svojim pronalascima. Jednoga dana otac je morao da napusti kuću, kako bi prodao svoj najnoviji pronalazak.

Okrenite stranicu!

Güzel ve Çirkin

Bir zamanlar güzel bir prens yaşarmış. Sarayına girmek isteyen yaşlı bir kadını içeriye almamış. Oysa ki bu kadın çok güçlü bir büyücüymüş ve prensi çirkin bir hayvana dönüştürmüş. Büyülü bir gülün son yaprağı dökülene kadar, kendisini bu haliyle seven bir kadın bulamazsa hayatının sonuna kadar böyle çirkin birisi olarak kalacakmış.
Komşu köyde Belle adında çok güzel bir kızı olan ihtiyar bir adam yaşarmış. Belle, devamlı yeni buluşlar yapan babasıyla beraber küçük bir evde otururmuş.
Bir gün Belle‘ nin babası, yeni bir buluşunu satmak için yola çıkmış.

Sayfayı çevir!

Als es dunkel wurde, verirrte er sich im Wald und stand plötzlich vor einem finsteren Schloss.
Er war hungrig und fror ganz fürchterlich. So ging er in das Schloss, um sich zu wärmen, konnte aber niemanden dort entdecken. Kaum hatte er es sich jedoch vor dem Kamin bequem gemacht, hörte er ein gewaltiges, furchtbares Gebrüll. Der alte Mann blickte sich um und sah sich einer scheußlichen Bestie gegenüber. Das Untier packte den alten Mann mit seinen kräftigen Pfoten und steckte ihn in einen Kerker.

Bitte umblättern!

As it got dark, he got lost in the woods and suddenly he was standing in front of a mysterious castle. He was hungry and very cold. So he went into the castle. He looked around but he couldn't find anyone there, so he made himself comfortable in front of a fireplace. Suddenly he heard a loud and frightening roar and saw a horrible beast standing in front of him. The animal picked the man up with his mighty paws and put him in a dungeon within the castle walls.

Please turn page!

SERBISCH

Kada se spustila noć, zalutao je u šumi i odjednom se našao ispred jednog mračnog dvorca. Bio je gladan i bilo mu je strašno hladno. Zato odluči da uđe u dvorac kako bi se ugrejao. Tamo, međutim, ne nađe nikoga.
Samo što se udobno spusti kraj kamina, ču jaku i strahovitu riku. Starac se osvrnu i u tom trenutku ugleda ispred sebe strašnu zver. Čudovište ga zgrabi svojim snažnim šapama i strpa u tamnicu.

Okrenite stranicu!

TÜRKISCH

Hava karardığında ormanda yolunu kaybetmiş ve kendini aniden karanlık bir sarayın önünde bulmuş. Karnı çok acıkmış ve soğuktan da donmak üzereymiş. Isınmak için saraya girmiş ama orada kimseyi görememiş. Şöminenin karşısına geçip rahatladığında korkunç bir kükreme sesi duymuş. Yaşlı adam şöyle bir geriye dönmüş ve korkunç yüzlü „Çirkin" i görmüş. Bu yaratık ihtiyar adamı güçlü pençesiyle yakalamış ve onu zindana atmış.

Sayfayı çevir!

Zu Hause machte sich Belle bereits Sorgen um den Vater und entschloss sich, nach ihm zu suchen. Als sie zum Schloss gelangte, suchte sie die alten Gemäuer solange ab, bis sie ihren kranken Vater im Kerker fand. Da tauchte auch schon das Biest auf. Um ihren geliebten Vater zu schützen, versprach Belle an seiner Stelle im Schloss zu bleiben.
Belle war erstaunt über das schöne Zimmer, das ihr zugeteilt wurde und die Bestie schenkte ihr auch noch einen Zauberspiegel, in dem sie jederzeit ihren Vater sehen konnte. Eines Abends aber schlich sie sich in den geheimnisvollen Korridor, den ihr das Biest zu betreten verboten hatte. In einem Zimmer entdeckte sie die unter einem Glassturz schwebende Rose, die bereits nur mehr eine Blüte hatte.

Bitte umblättern!

Beauty And The Beast

Belle was at home and she was worried about her father. She decided to go out and look for him. She came to the castle and walked along its walls until she found her sick father in the dungeon. Suddenly the beast appeared. Belle promised the beast that if he freed her father, she would stay with him in the castle. The beast was kind to Belle. He gave her a nice room and also a magic mirror. If she looked into this mirror, she could see her father at home. One evening Belle went into the secret corridor, which the beast had forbidden her to enter. In one room she found a rose under a glass bell. The rose had only one petal left on it.

Please turn page!

sobe koju joj je dodelila zver. Osim toga dobila je još i čarobno ogledalo u kom je svakog trenutka mogla da vidi oca.
Jedne večeri Lepa se iskrala u jedan tajanstveni hodnik, u koji joj je zver pre toga bila zabranila da uđe. U jednoj sobi otkrila je ružu ispod staklenog zvona. Ruža je imala još samo jednu laticu.

Okrenite stranicu!

Lepotica i zver

SERBISCH

Za to vreme Lepa je kod kuće već počela da se brine za svog oca i odlučila je da pođe da ga traži. Kada je stigla do dvorca, pretraživala je stare zidine sve dok nije našla oca u tamnici. Tada se pojavi i zver. Kako bi zaštitila oca, Lepa obeća da će umesto njega ostati u dvorcu.
Devojka je bila iznenađena lepotom

Güzel ve Çirkin

TÜRKISCH

Evde, Belle babasını merak etmeye başlamış ve onu aramaya koyulmuş. Her yerde onu aramış, sarayın yıkık duvarlarını geçip, babasını zindanda bulmuş.
Tam o sırada Çirkin de ortaya çıkmış. Kız, çok sevdiği babasını kurtarmak için sarayda kalmaya karar vermiş.
Belle kendisine ayrılan güzel odasını çok beğenmiş. Ona ayrıca her an babasını görebileceği büyülü bir de ayna verilmiş.
Bir akşam, gizlice Çirkin‘ in ona yasakladığı gizli koridora girmiş. Oradaki bir odada,cam bir fanus içinde tek bir gül duruyormuş.

Sayfayı çevir!

In dem Moment betrat aber das Biest den Raum und brüllte Belle an, sie solle nie wieder diesen Raum betreten. Die Zeit verging und je länger sie im Schloss wohnte, desto lieber gewann sie das Biest, das gar nicht so böse war, wie es aussah. Doch das verbotene Zimmer betrat sie nie wieder.

Als Belle wieder einmal in den Zauberspiegel blickte, sah sie, dass ihr Vater erkrankt war:

„Mein Vater ist sehr krank! Ich muss nach Hause zu ihm!“ Und mit schwerem Herzen ließ das Biest Belle ziehen.

Bitte umblättern!

At this moment the beast rushed into the room and screamed at Belle. He said she should never, ever enter this room again. Time passed and the longer she was in the palace, the nicer she found the beast to be. His personality was much nicer than his appearance. And she never went into that room again.

One day, Belle looked into the magic mirror and saw that her father was ill. “My father is very sick! I must go home to him!” The beast’s heart was heavy but he allowed Belle to leave the castle.

Please turn page!

Lepotica i zver

U tom trenutku pojavi se i zver, viknu na Lepu i reče da nikada više ne uđe u tu sobu.
Vreme je prolazilo i što je Lepa duže živela u dvorcu, to joj se zver sve više dopadala. Imala je utisak da i zver nije bila tako loša kao što je izgledala. Ali u zabranjenu sobu nije više nikada ušla.

Jednoga dana kada Lepa ponovo pogleda u ogledalo vide u njemu svog bolesnog oca: "Otac mi je veoma bolestan! Moram ići kući!" Zver, saznavši da je Lepin otac bolestan, pusti je teškoga srca da ode.

Okrenite stranicu!

Güzel ve Çirkin

Tam bu sırada Çirkin odaya girmiş ve bağırmaya başlamış. Kız bu odaya artık hiç girmemeliymiş.
Zaman akıp gidiyormuş. Sarayda kaldığı zaman ilerledikçe kız, Çirkin' in hiç de göründüğü kadar kötü birisi olmadığını anlamış. Kendisine yasaklanan odaya da bir daha hiç girmemiş.
Belle, gene bir gün sihirli aynasına bakarken, babasının hasta olduğunu görmüş.
„Babam çok hasta, onun yanına gitmeliyim!" demiş. Çirkin' de üzgün bir şekilde Belle' yi babasına yollamış.

Sayfayı çevir!

Als sie zu Hause bei ihrem kranken, verwirrten Vater ankam, erfuhr Belle, dass dieser den Dorfbewohnern erzählt hatte, eine schreckliche Bestie würde seine Tochter gefangen halten. Darüber erbost hatten sich die stärksten Männer des Ortes aufgemacht, um das Mädchen zu befreien. Schnell machte sich Belle wieder auf den Weg zum Schloss. Dort kämpfte bereits das Biest mit all seiner Kraft gegen die Dorfbewohner. Als das Biest erschöpft und schwer verletzt im Sterben lag, nahm Belle es in die Arme und gestand ihm, dass sie es wirklich liebe. Da fiel das letzte Blatt von der Rose und das Biest verwandelte sich in einen wunderschönen Prinzen. Belle und ihr Prinz heirateten und waren glücklich bis an ihr Lebensende.

Ende

When she arrived home, she heard that her confused father had told the people of the village that a horrible beast was keeping his daughter prisoner in a castle. The people were very angry and the strongest men in the village were on their way to the castle to free Belle. Belle quickly left again for the castle. When she got there, the village men were fighting the beast.

The beast was badly hurt and dying. Belle took him in her arms and told him that she loved him. At exactly this moment the last petal fell from the rose and suddenly the beast turned into a handsome prince. Belle and the prince married and lived happily ever after.

The End

Kada je stigla kući, Lepa je saznala da je njen poremećeni otac bio već ispričao seljanima, da strašna zver drži njegovu kćerku zarobljenu. Zabrinuti seljani odlučiše da je zajedno oslobode.
Čuvši to, Lepa se ponovo uputi ka dvorcu u kom je živela zver. Tamo se zver već svim svojim snagama borila protiv seljana.
Kada je zver iscrpljena i teško ranjena ležala na samrti, uze je Lepa u naručje i priznade joj da je voli.
U tom trenutku ruža izgubi i svoju poslednju laticu i zver se istoga časa pretvori u prelepog princa. Lepa i njen princ su se onda venčali i živeli srećno do kraja svoga života.

Kraj

Güzel ve Çirkin

Köye vardığında, köylülerin, hasta babasına, kızını çirkin bir yaratığın kaçırdığını söylediklerini duymuş. Bunun üzerine de köylüler kızı kurtarmak için, bölgenin en güçlü adamlarını seçmişler.
Belle çabucak saraya dönmüş. Çirkin, olanca gücüyle köylülere karşı direniyormuş.
Gücü bitince son nefesini verircesine yere yığılmış. Belle onu kollarına almış ve onu gerçekten sevdiğini söylemiş.
Tam bu anda cam fanustaki son yaprak yere düşmüş ve Çirkin çok yakışıklı bir prens oluvermiş.
Belle ve yakışıklı prens evlenmişler, hayatlarının sonuna kadar mutlu bir şekilde yaşamışlar.

Son

Vokabeln

Englisch - Deutsch

A

to be	able to do something	fähig sein etwas zu tun
to	accept	annehmen, akzeptieren
to	act	handeln
	actually	in der Tat, tatsächlich
to	add	addieren
to	admire	bewundern
	advisor	Berater, der
to	afford	leisten (sich)
to be	afraid	Angst haben
to be	afraid of something	Angst haben vor etwas
	again and again	immer wieder
to	agree	einwilligen
	all over the country	im ganzen Land
	all this time	die gesamte Zeit
to	allow	erlauben
to be	amazed	fasziniert sein
	amazement	Erstaunen, das
	among them	unter sich
	and they lived happily ever after	und sie lebten glücklich bis ans Ende ihrer Tage
	angry, angrily	verärgert sein
	announce	kundgeben
	answer	antworten
to be	anxious	besorgt sein
to	appear	auftauchen, erscheinen
	appearance	Erscheinen, das
	apprentice	Lehrling, der
to	approach	nähern (sich)
	area	Gegend, die
to	arrive	ankommen
	as soon as	sobald
	as soon as possible	so bald als möglich
	as the sun was setting	als die Sonne unterging
	as well	auch
to be	ashamed	schämen (sich)
	at the edge	am Rande
	at the same time	gleichzeitig
to be	attached	hängen an …
to	await	abwarten
to	awake - awoke - awoken	aufwachen
to be	aware of something	sich etwas bewusst sein
	axe	Axt, die

B

	back	Rücken, der
	back	zurück
	back and forth	hin und zurück
	back door	Hintertür, die
	bald	glatzköpfig
to	ban	verbannen
	basket	Korb, der
to	be - was - been	sein
	Be careful!	Sei vorsichtig!
	beak	Schnabel, der
to	bear	gebären
to	bear - bore - born	tragen (z.B. Früchte)
	beard	Bart, der
	beast	Biest, das
to	beat - beat - beaten	schlagen
to	beat someone up	jemanden zusammenschlagen
	because	weil
	because of this	deswegen
	become - became - become	werden
to	become blind	erblinden
	bed	Gartenbeet, das
	bee	Biene,die
	beg	betteln, anflehen
	beggar	Bettler, der
	begin - began - begun	beginnen
to	believe	glauben
to	believe in something	an etwas glauben
to	belong to	gehören
to	bend - bent - bent	biegen
to	bet	wetten
a	bit	ein bisschen
	bite - bit - bitten	beißen

	bits	kleine Stücke
	black rings	dunkle Ringe
to be	blind	blind sein
	bolt	mit einem Bolzen schließen
	bottom	am Fuße
to	bow	verbeugen (sich)
	bowl	Schüssel, die
	bracelet	Armband, das
a	braid	Zopf
to	braid	flechten, (einen Zopf)
	brand-new	ganz neu
	brave	mutig
	bread crumbs	Brösel, der
to	break - broke - broken	brechen
	bride	Braut, die
to	bring - brought - brought	holen, bringen
	brook	Bach, der
	broom	Besen, der
to	build – built – built	bauen
to	burn - burnt - burnt	(ver-)brennen
	burning coals	glühende Kohlen
	bush of thorns	Dornenbusch
	busily	emsig
to	buy - bought - bought	kaufen
	by tomorrow	bis morgen

C

	cage	Käfig, der
to	call	rufen
to	call out	ausrufen
to be	called	genannt werden
to	calm down	sich beruhigen
to	can - could	können
	cane	Stock, der
	cape	Umhang, der
to	capture someone	jemanden gefangen nehmen
to	care	kümmern
to	care for s.o.	sich um jemanden kümmern
to be	careless	unvorsichtig
	carriage	Kutsche, die
	carriage driver	Kutscher, der
to	carry	tragen
	castle	Schloss, das
to	catch - caught - caught	fangen
to	catch someone's attention	jmd. Aufmerksamkeit auf sich ziehen
to	celebrate	feiern
	celebration	Fest, das
	certainly	sicherlich
to	change into	verwandeln in
	Chapel	Kapelle, die
to	chase	vertreiben
	chicks	Kücken, die
to	choose	sich entscheiden
to	chop	hacken
	clever	intelligent
to	climb	klettern
to	climb up	hinaufklettern
	close	nahe
	closet	Schrank, der
	cloth	Stoff, der
	clothing	Bekleidung, die
	cloud of dust	Staubwolke, die
	clouds	Wolken, die
	club	Keule, die
to	collect	sammeln
to	come - came - come	kommen
to	come along with s.o.	mitgehen (mit jemandem)
to	come by	vorbeikommen
	comfortable	gemütlich, bequem
to be	conceited	eingebildet sein
to be	concerned	besorgt sein
	condition	Bedingung,die
to be	confused	verwirrt sein
to	consider	überlegen, erwägen
to	continue	fortsetzen
	cottage	Hütte, die
to	count	zählen
	court	Hof, der
	courtyard	Hof, Innenhof
	cowardly	feig
	crack	Spalte, die
	crafty	schlau

	crook	Gauner, der
	crooked	krumm
to	crow	krähen
to	cry	weinen
to be	curious	neugierig
	curse	Fluch, der
to	cut - cut - cut	schneiden
to	cut off	abschneiden

D

	dare	wagen, sich trauen
	dark	finster
to be	dead	tot
	deathbed	Sterbebett, das
	decapitate	köpfen
to	decide	sich entscheiden
	decorated	geschmückt
	deep	tief
to	deny	verleugnen, aufheben
a	deserted and barren place	ein einsamer und verlassener Ort
	desire	Verlangen, das
	diamonds	Diamanten, die
to	die	sterben
	dirty	schmutzig
to	disappear	verschwinden
to be	disappointed	enttäuscht
to	discover	entdecken
to	discuss	diskutieren
to be	disguised	verkleidet sein
	dish	Schüssel, die
to	dislike	etwas nicht mögen
to	divide	aufteilen
to	do - did - done	tun, machen
to	do nothing	nichts tun
	donkey	Esel, der
	door bolt	Türbolzen, der
	dragon	Drache, der
to	dress	sich kleiden
to	dress in	sich kleiden
to be	dressed	angezogen sein
to	drink - drank - drunk	trinken
to	drive - drove - driven	treiben, fahren
to	drop	fallen lassen
to	drown	ertrinken
	drum	Trommel, die
	ducklings	Entenküken
	dungeon	Verlies, das
	dusk	Dämmerung
	dwarf	Zwerg, der

E

	each hour of every day	jede Stunde von jedem Tag
to	earn	verdienen
to	eat - ate - eaten	essen, fressen
to be	embarrassed	verlegen sein
	embarrassing	peinlich
	embrace	Umarmung, die
to	embrace	umarmen
to	embroider	sticken
	emperor	Kaiser, der
to	enjoy	genießen
	enough	genug
to be	enraged	erzürnt sein
to	enter	eintreten
	entrance	Eingang,der
to	escape	flüchten
	even more	noch mehr
	every single day	jeden einzelnen Tag
	every time	jedesmal
	everyday	täglich
	evil	böse
	except for	außer
to	expect	erwarten
	experiences	Erlebnisse, die
to	explain	erklären
	eye	Auge, das

F

	fairy	Fee, die
to	fall - fell - fallen	fallen
to	fall asleep	einschlafen
to	fall over dead	tot umfallen
	faraway	weit entfernt
	farm	Bauernhof,der
to	fatten someone up	jem. mästen

	fear	Angst, die
	feast	ein Festmahl essen
to	feed - fed - fed	füttern
a	feeding trough	Futtertrog, der
a	few years passed	einige Jahre vergingen
	field	Feld, das
to	fight – fought – fought	kämpfen
	finally	endlich
to	finish	beenden
	fireplace	Feuerstelle, die; Kamin, der
to	flap	schlagen
to	flatter	schmeicheln
	fluffy	flaumig
to	fly - flew - flown	fliegen
	follow	folgen
to	forbid - forbade - forbidden	verbieten
	forest	Wald, der
to	forget - forgot - forgotten	vergessen
	frame	Rahmen, der
to	free	befreien
to	free oneself	befreien (sich)
to	freeze - froze - frozen	(er-)frieren, erstarren
to be	frightened	verängstigt sein
	frightening	Angst erregend,
	from below	von unten
	from this time on	ab diesem Zeitpunkt
	front hooves	Vorderhufe, die
	fur	Pelz, der

G

	gate	Tor, das
to	gather	sammeln
to	gather around	versammeln (sich)
	generally	generell
to	get - got - gotten	bekommen
to	get down	hinunter kommen
to	get lost	verloren gehen
to	get married	heiraten
to	get rid of	loswerden, wegwerfen
to	get rid of someone	jem. loswerden
to	get somewhere	ankommen
	ghost	Geist,der
	gift	Geschenk, das
	gingerbread	Lebkuchen, der
to	give - gave - given	geben
to	give an order	befehlen
to	give birth	gebären
to	give him a kick	einen Tritt versetzen
	glass bell	Glassturz, der
to	glitter	glitzern
to	glow	glühen
to	glue	kleben
to	go - went - gone	gehen
to	go away!	Geh weg!
to	go by - went by - gone by	vorbei gehen
to	go for a walk	spazierengehen
	golden threads	goldene Fäden
a	good idea	eine gute Idee
	good manners	gute Manieren
to	grab	greifen, schnappen
	greedy	gierig
to	grind - ground - ground	mahlen, schleifen
	grindstone	Schleifstein, der
	groom	Bräutigam, der
to	grow - grew - grown	wachsen
to	grow stronger	sich verstärken
to	grow up	aufwachsen
	growl	Brummen, das
to	guess	erraten, raten

H

	half frozen	halb erfroren
to	hammer	hämmern
	hand over	hinreichen, überlassen, aushändigen
	handsome	gut aussehend
to	hang - hung - hung	hängen
to	happen	geschehen
	hard	hart
to	hatch	schlüpfen
to	haul out	ausholen
to	have - had - had	haben
to	have a word with someone	ein Wörtchen mit jemandem reden
to	have no choice	keine Wahl haben
to	have no idea	keine Ahnung haben

to	have to - had to - had to	müssen
	he had no choice	er hatte keine Wahl
to	heal	heilen
to	hear - heard - heard	hören
	heavier and heavier	immer schwerer
	heavy	schwer
	hedgehog	Igel
	hen	Henne, die
to	hide – hid – hidden	sich verstecken
	hiding place	Versteck
	high walls	hohe Mauern
	hill	Hügel, der
	hindlegs	Hinterfüße, die
to	hit – hit – hit	schlagen
to	hold – held – held	halten
to	hold your breath	den Atem anhalten
	hole	Loch, das
	honesty	Ehrlichkeit, die
to	honor	ehren
	hood	Kapuze, die
	horrible	furchtbar, grässlich
to be	horrified	entsetzt
	horseback rider	Reiter, der
	horseless	ohne Pferde
to	hug	umarmen
	humbly	bescheiden, untertänig
to	hunt	jagen
	hunter	Jäger, der
to	hurry	sich beeilen
to	hurt - hurt - hurt	verletzen

I

	I am ready now.	Ich bin nun bereit.
to be	ill	krank sein
to	imagine	vorstellen (sich etwas)
	immediately	sofort
	in the meantime	in der Zwischenzeit
	incense	Weihrauch, der
to	injure	verletzen
	inside	innen
to	inspect	durchsuchen
to	insult	beleidigen
to be	insulted	beleidigt sein
to be	interested in something	interessiert sein
to	interfere	eingreifen
	invention	Erfindung, die
	inventor	Erfinder, der
	invisible	unsichtbar
to	invite	einladen
	ironical	ironisch
	it is none of your business	es geht dich nichts an

J

to be	jealous	eifersüchtig sein;
	jewel	Edelstein, der
	journey	Reise, die
	joy	Freude, die
to	jump	springen
to	jump out	hinausspringen
to	jump up	hochspringen

K

to	keep - kept - kept	behalten
to	keep a promise	ein Versprechen halten
to	keep an eye on something	beobachten
to	keep on rolling	weiter rollen
to	keep one's promise	ein Versprechen halten
to	keep someone away	jem. fernhalten
to	kidnap	entführen
	kind	liebenswürdig sein
	kind	Art, die
	kingdom	Königreich, das
	kingly duties	königliche Pflichten
to	knock at the door	an die Tür klopfen

L

	lace	Spitze, die
	ladder	Leiter, die
	lake	Teich, der
to	laugh	lachen
to	laugh at someone	auslachen
	lazybones	Faulpelze, die
to	lead - led - led	führen
to	lead s.o. – led – led	jem. führen
to	lean - leant - leant	lehnen

to	leave - left - left	(ver-)lassen
to	leave something behind	zurücklassen (etwas)
to the	left	links
to	let - let - let	lassen
to	let down	hinunterlassen, herablassen
	lettuce	Salat, der
to	lie - lay - lain	liegen
	lifetime	lebenslang
to	light - lit - lit	anzünden
	lightning	Blitz, der
	line	Leine, die
to	listen	zuhören
	Listen closely!	Höre genau zu!
	lively	lebhaft
	loaf of bread	Laib Brot, der
to	lock	zusperren
to	lock someone in	jem. einsperren
to be	locked up	eingesperrt sein
to be	lonely	einsam
	longing (for)	Verlangen, das Sehnsucht, die
to	look around	herumschauen
to	look for something	nach etwas suchen
to	lose - lost - lost	etwas verlieren
to be	lost	verschollen sein
	lovingly	liebevoll
	luckily	glücklicherweise
to	lure someone into a trap	jemanden in die Falle locken

M

	mace	Streithacken, der (ähnlich einem Morgenstern)
to be	made for each other	für einander geschaffen
	magician	Zauberer, der
	magnificient	prächtig
	maid	Dienstmädchen
to	make something less severe	etwas mildern
to	make you my wife	dich heiraten
to	manage	etwas schaffen, erreichen
to	marry	heiraten
	master	Meister, der
	match	Zündholz, das
it	doesn't matter.	Es macht nichts.
	maybe	vielleicht
	mean	gemein
to	meet - met - met	sich treffen
to	mend - ment - ment	reparieren
	messenger	Bote, der
	mighty	mächtig
	miller	Müller, der
	miracle	Wunder, das
	mirror	Spiegel, der
	misery	Misere, die
to be	missing	fehlen, missen, abgängig
	mysterious	unheimlich

N

	nail	Nagel, der
	necklace	Halskette, die
to	need	etwas benötigen
to	neglect	vernachlässigen
	neither … nor	weder ... noch
	nightgown	Nachthemd, das
	No way!	Kommt nicht in Frage!
	noise	Lärm, der; Geräusch, das
	none	keiner
	not far from here	nicht weit von hier
	not yet	noch nicht
to	notice	merken, bemerken
	nowhere	nirgends

O

	offer	Angebot, das
to	offer	anbieten
	official	Beamter, der
	old hag	altes Weib
	on the other hand	auf der anderen Seite
	on their way	auf ihrem Weg
	once again	noch einmal

	Once upon a time …	Es war einmal …
	origin	Herkunft, die
	oven	Backrohr, das
to	own	besitzen

P

	paddle	Schaufel, die
	pair of scissors	Schere, die
	pair of shoes	Schuhe (ein Paar)
	pale	blass
to	part	teilen (sich)
	pass by	vorbeikommen
	path	Weg, der
	pattern	Muster, das
	paw	Pfote, die
it	doesn't pay.	Es zahlt sich nicht aus.
	pea	Erbse, die
	peaceful	friedvoll, friedlich
	pearls	Perlen, die
	pebbles	Kieselsteine
to	peck	aufpecken (wie es Hühner machen)
	perhaps	vielleicht
	permission	Erlaubnis, die
to	pet (be petted)	streicheln (gestreichelt werden)
	petal	Blüte, die; Blütenblatt, das
to	pick up	abholen, holen
	pine branches	Reisig, das
	plate	Teller, der
	plausible answer	eine glaubwürdige Antwort
to be	pleased	erfreuen (sich); erfreut sein
to be	polite	höflich
	poor	arm
	post guards	Wächter aufstellen
	pouring rain	strömender Regen
to	praise	loben
	precious	kostbar
to	predict	vorhersagen
to	prepare	vorbereiten
to	pretend	so tun als ob
to	prick	stechen (sich)
	prisoner	Gefangene, der
to	promise	versprechen
	protect	schützen
to	pull	ziehen
to	push	schieben
to	put - put - put	stellen, legen, geben
to	put (clothes) on	(Kleider) anziehen
to	put someone to bed	jemanden ins Bett legen

Q

	quite	ziemlich

R

	race	Rennen, das
	rage	Ärger, der; Zorn, der
to	raise one's voice	die Stimme erheben
	rapunzel	field lettuce
	rare	selten
to	reach	erreichen
	real	echt
to	realize	verstehen
	reason	Grund, der
	recently	vor kurzem
to	recognize	erkennen
to	refuse	ablehnen, verweigern
	reins	Zügel, die
to	remember	erinnern
to	remove	entfernen
to	reply	erwidern, antworten
	report	Bericht, der
to	rescue	befreien
to	return	zurück kommen
to be	riddled	durchlöchert
to	ride - rode - ridden	reiten, fahren
to be	right	Recht haben
	roar	Brüllen, das
to	roar	brüllen
	robe	Robe, die
	roll	rollen
	roof	Dach, das
	rooster	Hahn, der

	roots	Wurzel, die
	rose bushes	Rosenbusch
	royal wedding	königliche Hochzeit
	rude	unhöflich
to	run – ran – run	laufen
to	run after	nachlaufen
to	rush	beeilen (sich)

S

	sad	traurig
	saddle	Sattel, der
	same	gleich
	sandals	Sandalen, die
to be	satisfied	befriedigt sein
to	save	retten
to	saw	sägen
to	say - said - said	sagen
to	scare	schrecken
	scissors grinder	Scherenschleifer, der
to	scratch	kratzen
to	scream	schreien
to	screech to a stop	ein einem Wahnsinnstempo stehen bleiben
to	search	suchen
	secretly	geheim, heimlich
to	see - saw - seen	sehen
to	sell – sold – sold	verkaufen
to	send - sent - sent	schicken
to	send out	aussenden
	sensitive	sensibel
	servant	Diener, der
to	set free	befreien
to	sew - sewed - sewn	nähen
to	share	teilen
	She couldn't sleep a wink.	Sie hat kein Auge zumachen können.
	shepherd	Hirte, der
	shirt	Hemd, das
to be	shocked	entsetzt sein
to	shoot - shot - shot	schießen
a	short time later	kurz danach
	shortcut	Abkürzung, die
to	shout	rufen
to	show - showed - shown	zeigen
	sick	krank
	sight	Sicht, die
	sight	Anblick, der
	silently	leise
	silk	Seide, die
to be	similar to something	etwas ähnlich sein
	simple	einfach
to	sing - sang - sung	singen
to	sink - sank - sunk	sinken
to	sit - sat - sat	sitzen
a	skein of silk	ein Strang Seide
to	slip	ausrutschen
to	sly	schlau
to	smile	lächeln
to	sneak	schleichen
	so-called	sogenannt
	solve a mystery	ein Geheimnis lösen
	something is safe	etwas ist sicher
	sound	Geräusch, das
to	spare someone	jem. verschonen
to	speak - spoke - spoken	sprechen
to be	speechless	sprachlos
to	spend - spent - spent	ausgeben
to	spend time – spent – spent	Zeit verbringen
to	spin - spun - spun	spinnen
	spindle	Spindel, die
to	split up	verteilen
	spool	Spule, die
to	spread - spread - spread	sich ausbreiten
to	sprinkle water	mit Wasser berieseln
	spun gold	gesponnenes Gold
	squeaky	krächzend, kreischend
to	stack up	(auf-)stapeln
	stairs	Treppen, die; Stiegen, die
to	stare at	anstarren
to	startle	erschrecken
to be	startled	erschrocken sein
to	stay	bleiben
to	stay at home	zu Hause bleiben
to	steal – stole – stolen	stehlen
to	step in	in etwas zu steigen
to	step out	hinaustreten

to	step outside	einen Schritt ins Freie machen
	stepmother	Stiefmutter, die
	stick	Stock, der
to	stick - stuck - stuck	kleben, hängenbleiben
	still	immer noch
	stomach	Bauch, der
	straight ahead	geradeaus
	strange	eigenartig
	straw	Stroh, das
	strength	Stärke, die
to	stroke	streicheln
	strong	stark
to be	stuck	kleben an …
	successful	erfolgreich
	suddenly	plötzlich
	suggest	vorschlagen
	suggestion	Vorschlag, der
	surprise	Überraschung
it	doesn't surprise me	es überrascht mich nicht
to be	surprised	überrascht
	surrounded	umgeben
	surrounding	umliegend
to	survive	überleben
to	sweep - swept - swept	kehren
to	swim - swam - swum	schwimmen

T

	tailor	Schneider, der
to	take - took - taken	nehmen
to	take a break	Pause machen
to	take a walk	spazieren gehen
to	take many days	viele Tage dauern
to	take place	stattfinden
to	take someone in your arms	umarmen
to	take someone's place	jemanden ersetzen
	tangled	durcheinander, verheddert
	task	Aufgabe, die
	Taste	Geschmack, der
to	taste	schmecken
to	tear - tore - torn	zerreißen
	tears	Tränen, die
to	tell – told – told	sagen, erzählen
to	thank	danken
to be	thankful	dankbar sein
	the next morning	am nächsten Morgen
	thief, thieves	Dieb, der; Diebe, die
	thirsty	durstig
	thorny hedge	Dornenhecke
	thoroughbred horse	Rassepferd, das
	thread	Faden, der
	three times as much	dreifache, das
to be	thrilled	begeistert sein
	throne	Thron, der
to	throw – threw – thrown	werfen
to	throw away – threw away – thrown away	wegwerfen
	thunder	Donner, der
to be	tied	(an-)gebunden
	Time passed.	Die Zeit verging.
	Time went by.	Die Zeit verging.
	Times were hard.	Die Zeiten waren schwer.
	tiny	winzig
to be	tired	müde, erschöpft
	together	zusammen
to be	torn	zerissen sein
to	touch	berühren
	tower	Turm, der
	town	Dorf, das; Stadt, die
	town crier	Stadtausrufer
	treasure	Schatz, der
to be	true	wahr
to be	trusted	zuverlässig, treu
	truth	Wahrheit, die
to	turn around	sich umdrehen
to	turn into	verwandeln
	twice	zweimal

U

to be	ugly	hässlich
	uncomfortable	unbequem
	underpants	Unterhose, die
to be	understanding	verständnisvoll
	unfortunately	leider

	unknown town	unbekannte Stadt
to	untie	aufmachen (Bänder, etc.)
to be	untouched	unberührt sein
	urge	Verlangen, das
to	use	verwenden

V

	valley	Tal, das
	vegetable bed	Gemüsebeet,
	vizier	Wesir, der
	voice	Stimme, die

W

to	waddle	watscheln
to	wake up - woke up - woken up	aufwachen, aufwecken
	wall	Mauer, die
to	wander	herumwandern
to	want	wollen
to	want something	wollen (etwas)
to	want to do something	etwas tun wollen, beabsichtigen
to	waste no time	keine Zeit verschwenden
a	waste of time	Zeitverschwendung
to	watch	zusehen, beobachten
	We have no choice.	Wir haben keine Wahl.
to	wear - wore - worn	tragen (Kleidung)
to	weave - wove - woven	weben
	wedding	Hochzeit, die
to	welcome	willkommen heißen
	well-mannered	mit guten Manieren
to be	wet	nass
	What a shame!	Wie schade!
	What business is it of yours?	Was geht es dich an?
	What on earth?	Was zum Teufel?
	What should he do?	Was sollte er tun?
	while	während
	widow	Witwe, die
	wife	Ehefrau, die
	window sill	Fensterbrett, das
	wings	Flügel, die
	wise women	weise Frauen
to	wish for something	wünschen (sich etwas)
	wish; to wish	Wunsch, der; wünschen
	witch	Hexe, die
	within an instant	umgehend, sofort
	woodcutter	Holzfäller, der
to be	worried about	sich Sorgen machen um
to	worry	sich Sorgen machen

Deutsch - Englisch

A

ab diesem Zeitpunkt		from this time on
abholen, holen	to	pick up
Abkürzung, die		shortcut
ablehnen, verweigern	to	refuse
abschneiden	to	cut off
abwarten	to	await
addieren	to	add
als die Sonne unterging		as the sun was setting
altes Weib		old hag
am Fuße		bottom
am nächsten Morgen		the next morning
am Rande		at the edge
an die Tür klopfen	to	knock at the door
an etwas glauben	to	believe in something
anbieten	to	offer
Anblick, der		sight
Angebot, das		offer
angezogen sein	to be	dressed
Angst erregend, beängstigend, furchteinflößend		frightening
Angst haben	to be	afraid
Angst haben vor etwas	to be	afraid of something
Angst, die		fear
ankommen	to	arrive
ankommen	to	get somewhere
annehmen, akzeptieren	to	accept
anstarren	to	stare at
antworten		answer
anziehen (Kleider)	to	put (clothes) on
anzünden	to	light - lit - lit
arm		poor
Armband, das		bracelet
Art, die		kind
auch		as well
auf der anderen Seite		on the other hand
auf ihrem Weg		on their way
Aufgabe, die		task
aufmachen (Bänder, etc.)	to	untie
aufpecken (wie es Hühner machen)	to	peck
auftauchen, erscheinen	to	appear
aufteilen	to	divide
aufwachen	to	awake - awoke - awoken
aufwachen, aufwecken	to	wake up - woke up - woken up
aufwachsen	to	grow up
Auge, das		eye
ausbreiten (sich)	to	spread - spread - spread
ausgeben (Geld)	to	spend - spent - spent
ausholen	to	haul out
auslachen (jemanden)	to	laugh at someone
ausrufen	to	call out
ausrutschen	to	slip
aussenden	to	send out
außer		except for
Axt, die		axe

B

Bach, der		brook
Backrohr, das		oven
Bart, der		beard
Bauch, der		stomach
bauen	to	build – built – built
Bauernhof,der		farm
Beamter, der		official
Bedingung,die		condition
beeilen (sich)	to	rush
beeilen (sich)	to	hurry
beenden	to	finish
befreien	to	free
befreien	to	rescue
befreien	to	set free
befreien (sich)	to	free oneself
befriedigt sein	to be	satisfied
begeistert sein	to be	thrilled
beginnen		begin - began - begun
behalten	to	keep - kept - kept
beißen		bite - bit - bitten
Bekleidung, die		clothing
bekommen	to	get - got - gotten
beleidigen	to	insult

beleidigt sein	to be	insulted
benötigen (etwas)	to	need
Berater, der		advisor
Bericht, der		report
beruhigen (sich)	to	calm down
berühren	to	touch
bescheiden, untertänig		humbly
Besen, der		broom
besitzen	to	own
besorgt sein	to be	anxious
besorgt sein	to be	concerned
betteln, anflehen		beg
Bettler, der		beggar
bewundern	to	admire
biegen	to	bend - bent - bent
Biene,die		bee
Biest, das		beast
bis morgen		by tomorrow
blass		pale
bleiben	to	stay
blind sein	to be	blind
Blitz, der		lightning
Blüte, die; Blütenblatt, das		petal
böse		evil
Bote, der		messenger
Braut, die		bride
Bräutigam, der		groom
brechen	to	break - broke - broken
brennen, verbrennen	to	burn - burnt - burnt
Brösel, der		bread crumbs
brüllen	to	roar
Brüllen, das		roar
Brummen, das		growl

D

Dach, das		roof
Dämmerung, die		dusk
dankbar sein	to be	thankful
danken	to	thank
den Atem anhalten	to	hold your breath
deswegen		because of this
Diamanten, die		diamonds
dich heiraten	to	make you my wife
die gesamte Zeit		all this time
die Stimme erheben	to	raise one's voice
Die Zeit verging.		Time passed.
Die Zeit verging.		Time went by.
Die Zeiten waren schwer.		Times were hard.
Dieb, der		thief
Diener, der		servant
Dienstmädchen, das		maid
diskutieren	to	discuss
Donner, der		thunder
Dorf, das; Stadt, die		town
Dornenbusch, der		bush of thorns
Dornenhecke, die		thorny hedge
Drache, der		dragon
dreifache, das		three times as much
dunkle Ringe		black rings
durcheinander, verheddert		tangled
durchlöchert	to be	riddled
durchsuchen	to	inspect
durstig		thirsty

E

echt		real
Edelstein, der		jewel
Ehefrau, die		wife
ehren	to	honor
Ehrlichkeit, die		honesty
eifersüchtig sein	to be	jealous
eigenartig		strange
ein Befehl geben	to	give an order
ein bisschen	a	bit
ein einsamer und verlassener Ort	a	deserted and barren place
ein Festmahl essen		feast
ein Geheimnis lösen		solve a mystery
ein Strang Seide	a	skein of silk
ein Versprechen halten	to	keep a promise
ein Versprechen halten	to	keep one's promise
ein Wörtchen mit jemanden reden	to	have a word with someone
eine glaubwürdige Antwort	a	plausible answer
eine gute Idee	a	good idea
eine Pause machen	to	take a break
eine unbekannte Stadt		unknown town
einen Schritt ins Freie machen	to	step outside
einen Tritt versetzen	to	give him a kick
einfach		simple

Eingang, der	entrance
eingebildet sein	to be conceited
eingesperrt sein	to be locked up
eingreifen	to interfere
einige Jahre vergingen	a few years passed
einladen	to invite
einsam	to be lonely
einschlafen	to fall asleep
einsperren (jem.)	to lock someone in
eintreten	to enter
einwilligen	to agree
emsig	busily
endlich	finally
entdecken	to discover
Entenküken, das	ducklings
entfernen	to remove
entführen	to kidnap
entscheiden (sich)	to choose
entscheiden (sich)	to decide
entsetzt	to be horrified
entsetzt sein	to be shocked
enttäuscht	to be disappointed
er hatte keine Wahl	he had no choice
erblinden	to become blind
Erbse, die	pea
Erfinder, der	inventor
Erfindung, die	invention
erfolgreich	successful
erfreuen (sich); erfreut sein	to be pleased
erinnern	to remember
erkennen	to recognize
erklären	to explain
erlauben	to allow
Erlaubnis, die	permission
Erlebnisse, die	experiences
erraten, raten	to guess
erreichen	to reach
Erscheinen, das	appearance
erschrecken	to startle
erschrocken sein	to be startled
ersetzen (jemanden)	to take someone's place
Erstaunen, das	amazement
ertrinken	to drown
erwarten	to expect
erwidern, antworten	to reply
erzürnt sein	to be enraged
es geht dich nichts an	it is none of your business
Es macht nichts.	It doesn't matter.
es überrascht mich nicht	it doesn't surprise me
Es war einmal ...	Once upon a time
Es zahlt sich nicht aus.	it doesn't pay.
Esel, der	donkey
essen, fressen	to eat - ate - eaten
etwas ähnlich sein	to be similar to something
etwas beobachten	to keep an eye on something
etwas ist sicher	something is safe
etwas mildern	to make something less severe
etwas nicht mögen	to dislike
etwas schaffen, erreichen	to manage
etwas tun wollen, beabsichtigen	to want to do something

F

Faden, der	thread
fähig sein etwas zu tun	to be able to do something
fallen	to fall - fell - fallen
fallen lassen	to drop
fangen	to catch - caught - caught
fasziniert sein	to be amazed
Faulpelze, die	lazybones
Fee, die	fairy
fehlen, missen, abgängig	to be missing
feiern	to celebrate
feig	cowardly
Feld, das	field
Fensterbrett, das	window sill
fernhalten (jemanden)	to keep someone away
Fest, das	celebration
Feuerstelle, die; Kamin, der	fireplace
field lettuce	rapunzel
finster	dark
flaumig, flauschig	fluffy
flechten, (einen Zopf)	to braid
fliegen	to fly - flew - flown
Fluch, der	curse
flüchten	to escape
Flügel, die	wings
folgen	follow
fortsetzen	to continue

Freude, die		joy
friedvoll, friedlich		peaceful
frieren, erfrieren, erstarren	to	freeze - froze - frozen
führen	to	lead - led - led
führen (jemanden)	to	lead somebody
für einander geschaffen	to be	made for each other
furchtbar, grässlich		horrible
füttern	to	feed - fed - fed
Futtertrog, der	a	feeding trough

G

ganz neu		brand-new
Gartenbeet, das		bed
Gauner, der		crook
gebären	to	bear
gebären	to	give birth
geben	to	give - gave - given
gebunden, angebunden	to be	tied
Gefangene, der		prisoner
Gegend, die		area
Geh weg!	to	go away!
geheim, heimlich		secretly
gehen	to	go - went - gone
gehören	to	belong to
Geist,der		ghost
gemein		mean
Gemüsebeet, das		vegetable bed
gemütlich, bequem		comfortable
genannt werden	to be	called
generell		generally
genießen	to	enjoy
genug		enough
geradeaus		straight ahead
Geräusch, das		sound
geschehen	to	happen
Geschenk, das		gift
Geschmack, der		taste
geschmückt		decorated
gesponnenes Gold		spun gold
gierig		greedy
Glassturz, der		glass bell
glatzköpfig		bald
glauben	to	believe
gleich		same
gleichzeitig		at the same time
glitzern	to	glitter
glücklicherweise		luckily
glühen	to	glow
glühende Kohlen		burning coals
goldene Fäden		golden threads
greifen, schnappen	to	grab
Grund, der		reason
gut aussehend		handsome
gute Manieren		good manners

H

haben	to	have - had - had
hacken	to	chop
Hahn, der		rooster
halb erfroren		half frozen
Halskette, die		necklace
halten	to	hold
hämmern	to	hammer
handeln	to	act
hängen	to	hang - hung - hung
hängen an …	to be	attached
hart		hard
hässlich	to be	ugly
heilen	to	heal
heiraten	to	get married
heiraten	to	marry
Hemd, das		shirt
Henne, die		hen
Herkunft, die		origin
herumschauen	to	look around
herumwandern	to	wander
Hexe, die		witch
hin und zurück		back and forth
hinaufklettern	to	climb up
hinausspringen	to	jump out
hinaustreten	to	step out
hinreichen, aushändigen, überlassen	to	hand over
Hinterfüße, die		hindlegs
Hintertür, die		back door
hinunter kommen	to	get down
hinunterlassen, herablassen	to	let down
Hirte, der		shepherd
hochspringen	to	jump up
Hochzeit, die		wedding
Hof, der		court
Hof, Innenhof		courtyard
höflich	to be	polite

hohe Mauern		high walls
holen, bringen	to	bring - brought - brought
Holzfäller, der		woodcutter
Höre genau zu!		Listen closely!
hören	to	hear - heard - heard
Hügel, der		hill
Hütte, die		cottage

I

Ich bin nun bereit.		I am ready now.
Igel		hedgehog
im ganzen Land		all over the country
immer noch		still
immer schwerer		heavier and heavier
immer wieder		again and again
in der Tat, tatsächlich		actually
in der Zwischenzeit		in the meantime
in etwas zu steigen	to	step in
innen		inside
intelligent		clever
interessiert sein	to be	interested in something
ironisch		ironical

J

jagen	to	hunt
Jäger, der		hunter
jede Stunde von jedem Tag		each hour of every day
jeden einzelnen Tag		every single day
jedesmal		every time
jemanden gefangennehmen	to	capture someone
jemanden in eine Falle locken	to	lure someone into a trap
jemanden ins Bett legen	to	put someone to bed
jemanden loswerden	to	get rid of someone
jemanden mästen	to	fatten someone up
jemanden verschonen	to	spare someone
jemanden zusammenschlagen	to	beat someone up
jmd. Aufmerksamkeit auf sich ziehen	to	catch someone's attention

K

Käfig, der		cage
Kaiser, der		emperor
kämpfen	to	fight - fought - fought
Kapelle, die		chapel
Kapuze, die		hood
kaufen	to	buy - bought - bought
kehren	to	sweep - swept - swept
keine Ahnung haben	to	have no idea
keine Wahl haben	to	have no choice
keine Zeit verschwenden	to	waste no time
keiner		none
Keule, die		club
Kieselsteine		pebbles
kleben	to	glue
kleben an …	to be	stuck
kleben, hängenbleiben	to	stick - stuck - stuck
kleiden (sich)	to	dress
kleine Stücke		bits
klettern	to	climb
kommen	to	come - came - come
Kommt nicht in Frage!		No way!
königliche Hochzeit, die		royal wedding
königliche Pflichten		kingly duties
Königreich, das		kingdom
können	to	can
köpfen		decapitate
Korb, der		basket
kostbar		precious
krächzend, kreischend		squeaky
krähen	to	crow
krank		sick
krank sein	to be	ill
kratzen	to	scratch
krumm		crooked
Kücken, die		chicks
kümmern	to	care
kundgeben		announce
kurz danach	a	short time later
Kutsche, die		carriage
Kutscher, der		carriage driver

L

lächeln	to	smile
lachen	to	laugh
Laib Brot, der		loaf of bread
Lärm, der; Geräusch, das		noise
lassen	to	let - let - let
lassen, verlassen	to	leave - left - left
laufen	to	run - ran - run
lebenslang		lifetime
lebhaft		lively
Lebkuchen, der		gingerbread
lehnen	to	lean - leant - leant
Lehrling, der		apprentice
leider		unfortunately
Leine, die		line
leise		silently
leisten (sich)	to	afford
Leiter, die		ladder
liebenswürdig sein		kind
liebevoll		lovingly
liegen	to	lie - lay - lain
links	to	the left
loben	to	praise
Loch, das		hole
loswerden, wegwerfen	to	get rid of

M

mächtig		mighty
mahlen, schleifen	to	grind - ground - ground
Mauer, die		wall
Meister, der		master
merken, bemerken	to	notice
Misere, die		misery
mit einem Bolzen schließen	to	bolt
mit einem Wahnsinnstempo stehen bleiben	to	screech to a stop
mit guten Manieren		well-mannered
mit Wasser berieseln	to	sprinkle water
mitgehen (mit jemandem)	to	come along with s.o.
müde, erschöpft	to	be tired
Müller, der		miller
müssen	to	have to - had to - had to
Muster, das		pattern
mutig		brave

N

nach etwas suchen	to	look for something
nachlaufen	to	run after
Nachthemd, das		nightgown
Nagel, der		nail
nahe		close
nähen	to	sew - sewed - sewn
nähern (sich)	to	approach
nass	to	bewet
nehmen	to	take - took - taken
neugierig	to	becurious
nicht weit von hier		not far from here
nichts tun	to	do nothing
nirgends		nowhere
noch einmal		once again
noch mehr		even more
noch nicht		not yet

O

ohne Pferde		horseless

P

peinlich		embarrassing
Pelz, der		fur
Perlen, die		pearls
Pfote, die		paw
plötzlich		suddenly
prächtig		magnificient

R

Rahmen, der		frame
Rassepferd, das		thorough-bred horse
Recht haben	to be	right
Reise, die		journey
Reisig, das		pine branches
reiten, fahren	to	ride - rode - ridden
Reiter, der		horseback rider
Rennen, das		race
reparieren	to	mend - ment - ment
retten	to	save
Robe, die		robe

rollen		roll
Rosenbäumchen, das		rose bushes
Rücken, der		back
rufen	to	call
rufen	to	shout

S

sagen	to	say - said - said
sägen	to	saw
sagen, erzählen	to	tell - told - told
Salat, der		lettuce
sammeln	to	collect
sammeln	to	gather
Sandalen, die		sandals
Sattel, der		saddle
schämen (sich)	to be	ashamed
Schatz, der		treasure
Schaufel, die		paddle
Schere, die		pair of scissors
Scherenschleifer, der		scissors grinder
schicken	to	send - sent - sent
schieben	to	push
schießen	to	shoot - shot - shot
schlagen	to	beat - beat - beaten
	to	flap
	to	hit - hit - hit
schlau		crafty
schlau	to	sly
schleichen	to	sneak
Schleifstein, der		grindstone
Schloss, das		castle
schlüpfen	to	hatch
schmecken	to	taste
schmeicheln	to	flatter
schmutzig		dirty
Schnabel, der		beak
schneiden	to	cut - cut - cut
Schneider, der		tailor
Schrank, der		closet
schrecken	to	scare
schreien	to	scream
Schuhe (ein Paar)		pair of shoes
Schüssel, die		bowl
Schüssel, die		Dish
schützen		protect
schwer		heavy
schwimmen	to	swim - swam - swum
sehen	to	see - saw - seen
Sei vorsichtig!		Be careful!
Seide, die		silk
sein	to	be - was - been
selten		rare
sensibel		sensitive
sich etwas bewusst sein	to be	aware of something
sich kleiden in ...	to	dress in
sich Sorgen machen	to	worry
sich Sorgen machen um	to be	worried about
sich um jemanden kümmern	to	care for s.o.
sicherlich		certainly
Sicht, die		sight
Sie hat kein Auge zumachen können.		She couldn't sleep a wink.
singen	to	sing - sang - sung
sinken	to	sink - sank - sunk
sitzen	to	sit - sat - sat
so bald als möglich		as soon as possible
so tun als ob	to	pretend
sobald		as soon as
sofort		immediately
sogenannt		so-called
Spalte, die		crack
spazieren gehen	to	take a walk
spazierengehen	to	go for a walk
Spiegel, der		mirror
Spindel, die		spindle
spinnen	to	spin - spun - spun
Spitze, die		lace
sprachlos	to be	speechless
sprechen	to	speak
springen	to	jump
Spule, die		spool
Stadtausrufer, der		town crier
stapeln, aufstapeln	to	stack up
stark		strong
Stärke, die		strength
stattfinden	to	take place
Staubwolke, die		cloud of dust
stechen (sich)	to	prick
stehlen	to	steal - stole - stolen
stellen, legen, geben	to	put
Sterbebett, das		deathbed
sterben	to	die
sticken	to	embroider
Stiefmutter, die		stepmother

Stimme, die		voice
Stock, der		cane
Stock, der		stick
Stoff, der		cloth
streicheln	to	stroke
streicheln	to	pet
(gestreichelt werden)		(be petted)
Streithacken, der		mace
(ähnlich einem Morgenstern)		
Stroh, das		straw
strömender Regen		pouring rain
suchen	to	search

T

täglich		everyday
Tal, das		valley
Teich, der		lake
teilen	to	share
teilen (sich)	to	part
Teller, der		plate
Thron, der		throne
tief		deep
Tor, das		gate
tot	to be	dead
tot umfallen	to	fall over dead
tragen	to	carry
tragen (Früchte, etc.)	to	bear - bore - born
tragen (Kleidung)	to	wear - wore - worn
Tränen, die		tears
traurig		sad
treffen (sich)	to	meet - met - met
treiben, fahren	to	drive - drove - driven
Treppen, Stiegen		stairs
trinken	to	drink - drank - drunk
Trommel, die		drum
tun, machen	to	do - did - done
Türbolzen, der		door bolt
Turm, der		tower

U

überleben	to	survive
überlegen, erwägen	to	consider
überrascht	to be	surprised
Überraschung		surprise
umarmen	to	embrace; to hug
umarmen (jemanden)	to	take someone in your arms
Umarmung, die		embrace
umdrehen (sich)	to	turn around
umgeben		surrounded
umgehend, sofort		within an instant
Umhang, der		cape
umliegend		surrounding
unbequem		uncomfortable
unberührt sein	to be	untouched
und sie lebten glücklich bis ans Ende ihrer Tage		and they lived happily ever after
unheimlich		mysterious
unhöflich		rude
unsichtbar		invisible
unter sich		among them
Unterhose, die		underpants
unvorsichtig	to be	careless

V

verängstigt sein	to be	frightened
verärgert sein	to be	angry, angrily
verbannen	to	ban
verbeugen (sich)	to	bow
verbieten	to	forbid - forbade - forbidden
verdienen	to	earn
vergessen	to	forget - forgot - forgotten
verkaufen	to	sell - sold - sold
verkleidet sein	to be	disguised
Verlangen, das		desire
Verlangen, das		urge
Verlangen, das (nach), Sehnsucht, die (nach)		longing (for)
verlegen sein	to be	embarrassed
verletzen	to	hurt - hurt - hurt
verletzen	to	injure
verleugnen, aufheben	to	deny
verlieren (etwas)	to	lose - lost - lost
Verlies, das		dungeon
verloren gehen	to	get lost
vernachlässigen	to	neglect
versammeln (sich)	to	gather around
verschollen sein	to be	lost
verschwinden	to	disappear
versprechen	to	promise
verständnisvoll	to be	understanding

verstärken (sich)	to	grow stronger
Versteck		hiding place
verstecken (sich)	to	hide - hid - hidden
verstehen	to	realize
verteilen	to	split up
vertreiben	to	chase
verwandeln	to	turn into
verwandeln in	to	change into
verwenden	to	use
verwirrt sein	to be	confused
viele Tage dauern	to	take many days
vielleicht		maybe
vielleicht		perhaps
von unten		from below
vor kurzem		recently
vorbei gehen	to	go by - went by - gone by
vorbeikommen	to	come by
vorbeikommen		pass by
vorbereiten	to	prepare
Vorderhufe, die		front hooves
vorhersagen	to	predict
Vorschlag, der		suggestion
vorschlagen		suggest
vorstellen (sich etwas)	to	imagine

W

wachsen	to	grow - grew - grown
Wächter aufstellen		post guards
wagen, sich trauen		dare
wahr	to be	true
während		while
Wahrheit, die		truth
Wald, der		forest
Was geht es dich an?		What business is it of yours?
Was sollte er tun?		What should he do?
Was zum Teufel?		What on earth?
watscheln	to	waddle
weben	to	weave - wove - woven
weder ... noch		neither … nor
Weg, der		path
wegwerfen	to	throw away
Weihrauch, der		incense
weil		because
weinen	to	cry
weise Frauen		wise women
weit entfernt		faraway
weiter rollen	to	keep on rolling
werden		become - became - become
werfen	to	throw - threw - thrown
Wesir, der		vizier
wetten	to	bet
Wie schade!		What a shame!
willkommen heißen	to	welcome
winzig		tiny
Wir haben keine Wahl.		We have no choice.
Witwe, die		widow
Wolken, die		clouds
wollen	to	want
wollen (etwas)	to	want something
Wunder, das		miracle
Wunsch, der; wünschen		wish; to wish
wünschen (sich etwas)	to	wish for something
Wurzel, die		roots

Z

zählen	to	count
Zauberer, der		magician
zeigen	to	show - showed - shown
Zeit verbringen	to	spend time
Zeitverschwendung	a	waste of time
zerissen sein	to be	torn
zerreißen	to	tear - tore - torn
ziehen	to	pull
ziemlich		quite
Zopf	a	braid
zu Hause bleiben	to	stay at home
Zügel, die		reins
zuhören	to	listen
Zündholz, das		match
zurück		back
zurück kommen	to	return
zurücklassen (etwas)	to	leave something behind
zusammen		together
zusehen, beobachten	to	watch
zusperren	to	lock

Türkisch - Deutsch

A

aklı karışmak	sein Verstand ist verwirrt
akşam karanlığı	Abenddämmerung
ayakkabı	Schuhe, die
Ayakkabı dayanmazmış.	Die Schuhe waren nicht widerstandsfähig.
Ayakkabılar sabaha eskimiş olarak çıkıyormuş.	Die Schuhe waren bis zum nächsten Morgen abgenützt.
Aylar geçiyor.	Die Monate verstrichen.

B

Baba kabul etti.	Der Vater willigte ein.
Başımdan savmak istiyorum.	Ich will ihn loswerden.
beslemek	mästen
bezelye	Erbse, die
Bir genç kız olduğunda, ...	Als sie zu einer jungen Frau heran-gewachsen war ...
bir karara varmak	zum Entschluss kommen
birini sorgulamak	jemanden verhören
boşu boşuna	vergeblich

C

çakıl taşları	Kieselsteine, die
cin	ein böser Geist
çoban	Schafhirt, der
çok hoş	hold, lieblich
çok şiddetli yağmur	es regnet in Strömen

D

daha	noch
damat	Bräutigam, der
danışmak	sich beraten
değirmenci	Müller, der
Derin bir uykuya daldı.	Sie versank in einem tiefen Schlaf.
dikenli çalılıklar	Dornenhecke, die
dışarı çekmek	hinaus zerren
dünürcü	auf Brautschau
durum	die Situation; der Zustand
duymamak	niemand erfährt davon
düzenlemek	veranstalten

E

eğer	Sattel, der
ekmek kırıntıları	Brotkrümel, der
emir	Befehl, der
eskimek	abgenützt
etrafa bakınmak	umschauen
Eve saldırdı.	Er stürmte in das Haus.
evlenme, nikah	Trauung, die

F

fazilet, erdem	Tugend, die
fırtına	furchtbares Unwetter

G

gizli	heimlich
gizlice dinlemek	belauschen
görülmeyen	unsichtbar
gözcü	Wächter, der
Gözlerine inanamadı.	Er traute seinen Augen nicht.
Gözlerinin altı uykusuzluktan morarmıştı.	Sie hatte dunkle Ringe unter den Augen.
güven	Vertrauen, das

H

hafifletmek	mildern
halk	Bevölkerung, die
hassas	empfindlich
hatırlamak	sich erinnern
hayran olmak	begeistert sein
okşamak	streicheln
hazırlamak	bereitstellen
hediyeler	Gaben, die
hep beraber	allesamt
her zaman gidilen yoldan gitmek	auf dem ausgetretem Pfad bleiben
herşey yalandı	es war alles gelogen

hissetmek	spüren
hizmetçi	Dienerin, die
Hocama danışıcam.	Ich berate mich mit meinem Meister.

I

iflas	bankrott sein
iflas ettim	ich bin bankrott
ihmal etmek, ilgilenmemek	vernachlässigen
inciler ve değerli taşlar	Perlen und Edelsteıne
işsiz güçsüz	keine Beschäftigung haben; faulenzen
istemek	fordern
iyi göremeyen gözler	getrübte Augen

K

kaçırmak	entführen
kader	Schicksal, das
kamçı	Peitsche, die
kaybolmak, yolu şaşırmak	sich verirren
kel	Glatzkopf, der
kent	Stadt, die
Kırmızı Şapkalı Kız	Rotkäppchen
kıskançlık	Neid, der
köle	Sklavin, die
korkmak	bangen
kötü bir plan kurmak	einen bösen Plan schmieden
Kralın Yeni Elbiseleri	Des Kaisers neue Kleider
kucak	Schoß, der
küçük bir oda	Stube, die
küheylan	Vollblutpferd, das
kule	Turm, der
kumaş	Stoff, der
kurnaz	listig
kurtarmak, kurtulmak	befreien

M

makara	Spule, die
merdiven	Leiter, die
meteliksiz	keinen Groschen haben
mide bulandırmak, düşündükçe mide bulandırıyor	... wenn man daran denkt, wird einem übel
muhteşem, çok gösterişli	prächtig

N

nefesini tutmak	den Atem anhalten
nöbet	Wache, die

O

odun kesmek	Holz hacken
oduncu	Holzfäller, der
öfkeden ortadan ikiye çatlamak	sich aus Zorn mitten entzwei reißen
ok	Pfeil, der
ona yalvardı	flehte sie ihn an
öneri	Vorschlag, der
önermek	vorschlagen
önlem	Maßnahme, die
örülü saçlar	Zöpfe, die
özel hediyeler	Wundergaben, die

P

padişah	Sultan, der
peri	Fee, die
pırıl pırıl, yeni	nagelneu
Prenses ile Bezelye	Die Prinzessin auf der Erbse

R

Rapunzel	Rapunzel
Rapunzel kabul etti.	Rapunzel willigte ein.

S

saklı, gizli	verborgen
saman	Stroh, das
saray	Schloss, das
saraydaki görevliler	Hofstaat, der
şart	Bedingung, die
şart koşmak	eine Bedingung stellen
savmak	jemanden loswerden
saygılı	ehrerbietig
Seksek Bacak	Rumpelstilzchen
serpmek	streuen
sır	Geheimnis, das
sırılsıklam	tropfnass
sırrı çözebilmek	das Rätsel lösen können
sokak	Gasse, die
sorgu	Verhör, das
sözleşme, anlaşma	Abkommen, das

süre dolmadan kısa bir süre önce ...	Kurz bevor die Frist abgelaufen war ...

T

tahta, sopa	Keule, die
teklif	Vorschlag, der
tellal	Ausrufer, der
terketmek, bırakmak	aussetzen
tüfek	Gewehr, das
tütsü	Räucherwerk, das

U

ülke	Land, das
ünlü olmak	berühmt sein
Uyuyan Güzel	Dornröschen

V

vezir	Wesir, der

Y

yakalamak	schnappen
yapmak, yerine getirmek	verrichten
yaratık	Untier, das
yayılmak	sich verbreiten
yemlik, atın ağzına bağlanan yem torbası	Futtertrog, der
Yerle Gök Arasındaki Saray	Schloss zwischen Himmel und Erde
Yorgun ve sararmış görünüyordu.	Er sah blass aus.
yün eğirmek	spinnen

Deutsch - Türkisch

A

Abenddämmerung, die	akşam karanlığı
abgenützt	eskimek
Abkommen, das	sözleşme, anlaşma
allesamt	hep beraber
Als sie zu einer jungen Frau herangewachsen war, ...	Bir genç kız olduğunda, ...
auf Brautschau	dünürcü
auf dem ausgetretem Pfad bleiben	her zaman gidilen yoldan gitmek
Ausrufer, der	tellal
aussetzen	terketmek, bırakmak

B

bangen, fürchten	korkmak
bankrott sein	iflas
Bedingung, die	şart
Befehl, der	emir
befreien	kurtarmak, kurtulmak
begeistern	hayran olmak
belauschen	gizlice dinlemek
bereitstellen	hazırlamak
berühmt sein	ünlü olmak
Bevölkerung, die	halk
Bräutigam, der	damat
Brotkrümel, der	ekmek kırıntıları

D

das Rätsel lösen können	sırrı çözebilmek
den Atem anhalten	nefesini tutmak
Der Vater willigte ein.	Baba kabul etti.
Des Kaisers neue Kleider	Kralın Yeni Elbiseleri
Die Monate verstrichen.	Aylar geçiyor.
Die Prinzessin auf der Erbse	Prenses ile Bezelye
Dienerin, die	hizmetçi
Dornenhecke, die	dikenli çalılıklar
Dornröschen	Uyuyan Güzel

E

ehrerbietig	saygılı
ein böser Geist	cin

eine Bedingung stellen	şart koşmak
einen bösen Plan schmieden	kötü bir plan kurmak
einen Vorschlag machen	önermek
empfindlich	hassas
entführen	kaçırmak
Er sah blass aus	Yorgun ve sararmış görünüyordu.
Er stürmte in das Haus.	Eve saldırdı.
Er traute seinen Augen nicht.	Gözlerine inanamadı.
Erbse, die	bezelye
Es hatte dunkle Ringe unter den Augen.	Gözlerinin altı uykusuzluktan
morarmıştı.	
es regnet in Strömen	çok şiddetli yağmur
es war alles gelogen	herşey yalandı

F

Fee,die	peri
fordern	istemek
furchtbares Unwetter	fırtına
Futtertrog, der	yemlik, atın ağzına bağlanan
yem torbası	

G

Gaben, die	hediyeler
Gasse, die	sokak
Geheimnis, das	sır
getrübte Augen	iyi göremeyen gözler
Gewehr, das	tüfek
Glatzkopf, der	kel

H

Hänsel und Gretel	Hensel ve Gretel
heimlich	gizli
hinaus zerren	dışarı çekmek
Hofstaat, der	saraydaki görevliler
hold	çok hoş
Holz hacken	odun kesmek
Holzfäller, der	oduncu
ich bin bankrott	iflas ettim
ich will ihn loswerden	başımdan savmak istiyorum

J

jemanden loswerden	savmak
jemanden verhören	birini sorgulamak

K

keine Beschäftigung haben; faulenzen	işsiz güçsüz
keinen Groschen haben	meteliksiz, parasız
Keule, die	tahta, sopa
Kieselsteine, die	çakıl taşları
kraulen	hayvanın başını okşamak
Kurz bevor die Frist abgelaufen war ...	süre dolmadan kısa bir süre önce ...

L

Land, das	ülke
Lederriemen, der	hayvan derisinden yapılan halat
Leiter, die	merdiven
listig	kurnaz
Maßnahme, die	önlem
mästen	beslemek
mildern	hafifletmek

M

Müller, der	değirmenci

N

nagelneu	pırıl pırıl, yeni
Neid, der	kıskançlık
flehte sie ihn an	ona yalvardı
niemand erfährt davon	duymamak
noch	daha

P

Peitsche, die	kamçı
Perlen und Edelsteıne	inciler ve değerli taşlar
Pfeil, der	ok
prächtig	muhteşem, çok gösterişli

R

Rapunzel	Rapunzel
Rapunzel willigte ein.	Rapunzel kabul etti.
Räucherwerk, das	tütsü
Rotkäppchen	Kırmızı Şapkalı Kız
Rumpelstilzchen	Seksek Bacak

S

Sattel, der	eğer
Schafhirt, der	çoban
Schiksal, das	kader
Schloss zwischen	Yerle Gök
Himmel und Erde	Arasındaki Saray
Schloss, das	saray
schnappen	yakalamak
Schoß, der	kucak
Schuhe, die	ayakkabı
Die Schuhe waren bis zum	ayakkabılar sabaha
nächsten Morgen abgenützt.	eskimiş
sein Verstand ist verwirrt	aklı karışmak
sich aus Zorn mitten	öfkeden ortadan ikiye
entzwei reißen	çatlamak
beraten (sich)	danışmak
erinnern (sich)	hatırlamak
verbreiten (sich)	yayılmak
verirren (sich)	kaybolmak, yolu şaşırmak
Sie versank in einem	Derin bir uykuya
tiefen Schlaf.	daldı.
Sklavin, die	köle
spinnen	yün eğirmek
Spule, die	makara
spüren	hissetmek
Stadt, die	kent
Stoff, der	kumaş
streuen	serpmek
Stroh, das	saman
Stube, die	küçük bir oda
Sultan, der	padişah

T

Trauung, die	evlenme, nikah
tropfnass	sırılsıklam
Tugend, die	fazilet, erdem
Turm, der	kule

U

umschauen	etrafa bakınmak
unsichtbar	görülmeyen
Untier, das	yaratık

V

veranstalten	düzenlemek
verborgen	saklı, gizli
vergeblich	boşu boşuna
Verhör, das	sorgu
vernachlässigen	ihmal etmek, ilgilenmemek
verrichten	yapmak, yerine etirmek
Vertrauen, das	güven
Vollblutpferd, das	küheylan
Vorschlag, der	öneri, teklif

W

Wache, die	nöbet
Wächter, der	gözcü
Wenn man daran denkt, wird einem übel.	mide bulandırmak, düşündükçe mide bulandırıyor
Wesir, der	vezir
Wundergaben, die	özel hediyeler

Z

Zöpfe, die	örülü saçlar
zum Entschluss kommen	bir karara varmak

Serbisch - Deutsch

A

al / ali	aber, doch, jedoch

B

bašta, vrt	Garten, der
beli / bijeli konj, đogat	weißes Pferd
bes / bijes, ljutina	Ärger, der
besposličiti, ljenčariti	faulenzen
bič, kandžija	die Peitsche
bio jedared	es war einmal
biser	Perle, die
biti bez novca	keinen Groschen haben
biti na okupu	versammelt sein
biti naklonjen	hold und gewogen sein
biti poznat	berühmt sein
biti u stečaju; bankrotirati	bankrott sein
bled / blijed	blass
bliski poznanik	Vertraute, der
bodljikava ograda	Dornenhecke, die
bogatstvo	Reichtum, der
brinuti se (o nekome)	sorgen
brže-bolje / jako brzo	schnellstens, geschwind
brzina, žurba	Eile, die
buzdovan	Morgenstern, der; Streitkolben, der

C

car	Kaiser, der
čardak	Schloss, das
čarobnjak	Zauberer, das
častiti	ehren; bewirten
ćelavac	Glatzkopf, der
ćer / kćer	Tochter, die
čil	rüstig, kräftig,
cipele	Schuhe, die
cipele nisu bile izdržljive	die Schuhe waren nicht widerstandsfähig
cipele su bile drugo jutro otrcane	die Schuhe waren bis nächsten Morgen abgenützt
čistiti	putzen
čivija / čavao / ekser	Nagel, der
čobanče	Hirte, der
čovečuljak / čovječuljak	Männlein, das
crkva	Kirche, die
Crvenkapica, Crvenkapa	Rotkäppchen
čuditi se	wundern (sich)
čuditi se čemu / nečemu, diviti se nečemu	bestaunen
čudno	merkwürdig
čudotvoran dar, talenat	Wundergabe, die
čuvati kao oči u glavi	sehr gut im Auge behalten
cvet / cvijet	Blüte, die

D

daleki (daleka, daleko)	fern
dar, talenat	Gabe, die
đerđef	Stickrahmen
devojčica / djevojčica	junges Mädchen
dida / djed(a)	Großvater, der; der Alte; der Greis
dirnuti	rühren
divan, raskošan, sjajan	prachtvoll; prächtig
divota, sjaj, raskoš	Pracht, die
dodeliti / dodijeliti	zuweisen
dogovor	Abkommen, das
doneti na svet / donijeti na svijet, roditi	auf die Welt bringen
dositi / dosjetiti se	sich erinnern, sich entsinnen
dovući, izvući	heraufziehen
dragi kamen	Edelstein, der
dragi kamen	ein wertvoller Stein
dreknuti	schreien, anschreien
drum / cesta, put	Straße, die; die Landstraße
drvoseča / drvosječa	Holzfäller, der
državnički	staatsmännlich
đubrad, đubre	Dünger, der; der Mist; im übertr. Sinn: das Miststück
dušek	Matratze, die
dužnost	Pflicht, die
dvor	Hofstaat, der
dvorac	Schloss, das
dvorska dama	Hofdame, die

G

glasnik	Bote
glasnik, izvikivač	Ausrufer, der
gnjev, bes / bijes, ljutina	Zorn, der

gojiti, toviti	mästen
gostinska soba	Gästezimmer, das
gozba, zabava	Fest, das
grad	Stadt, die
grašak	Erbse, die
gristi, ujesti	beißen
grmeti / grmjeti	donnern
gurnuti	einen Stoß geben

H

hitac, pucanj	Schuss, der

I

ići u prosidbu	auf Brautschau gehen
iscrpljen	erschöpft (sein)
iskrasti se napolje	ausschleichen (sich)
isteći / istjeći	ablaufen
isti / jesti	essen
istrošen, otrcan	abgenutzt
izrada	Fertigung, die
izreka	Spruch, der

J

ja moram tražiti savjet mog učitelja.	ich berate mich mit meinem Meister
Ja ne marim za to.	Ich mache mir nicht viel daraus.
ja sam bankrotirao	ich bin bankrott
jadan (jadna, jadno)	arm
jahati	reiten
jak	gewaltig
jasle	Futtertrog, der
još	noch

K

kadifa	Samt,der
kadivo, kandilo	Räucherwerk, das
kafez (kavez)	Käfig, der
kalem, svitak	Spule, die
kamenčić	Kieselstein, der
kapuljača	Kapuze, die
kasati	traben; im Trabe reiten
kavez	Käfig, der
kletva, prokletstvo	Fluch, der
klimnuti glavom	nicken
kljucati	aufpicken
ko / kao	wie, als
ko / tko	wer
kolač	Pfefferkuchen, der
kolač	Kuchen, der
konj	Pferd, das
konj plemenite pasmine	Vollblutpferd, das
korov	Unkraut, das
korpa	Korb, der
kovati plan	einen Plan schmieden
kralj	König, der
kraljeva kćerka, princeza	Königstochter, die
kraljević, princ	Königssohn, der
kraljevstvo	Reich, das
kraljica	Königin, die
krov	Dach,das
krpiti	flicken
kruv / kruh / hleb	Brot, das
kucati (na vrata)	klopfen
kućica	Häuschen, das
kula, toranj	Turm, der
kulaš, konj mišje boje	graues Pferd
kulatast konj	graues Pferd
kvasiti	benetzen
kvočka	Henne, die; Glucke, die

L

lan	Flachs, der
latiti se latiti tog posla.	Die Arbeit nicht beginnen.
leđa	Rücken, der
leja / lijeha, gredica	Beet, das
lep / lijep	schön
lepota / ljepota	Schönheit, die
lipo / lijepo	schön
liti kao iz kabla (kiša) / lijevati kao iz kabla	in Strömen regnen
ljubazan	freundlich
ljut, besan / bijesan	zornig
lovac	Jäger, der
luk	Bogen, der
lukav	schlau
lutati, tumarati okolo	herumirren

M

maćeha	Stiefmutter, die
mariti	sich kümmern
mator(i) / star(i)	alt, der Alte
merdevine / ljestve	Leiter, die

metniti / metnuti	legen, stellen, stecken
mio, dražestan, drag	lieblich
misto / umjesto	statt, anstatt; an Stelle von
mjera	Maßnahme, die
mlad; mladež	jung; die Jugendliche
moći riješiti zagonetku	das Rätsel lösen können
mrvice hleba / mrvice kruha / mrvice hljeba	Brotkrümel, der
munjevitom brzinom	blitzschnell

N

nabrajati	aufzählen
naići / nailaziti	vorbeikommen; auf etwas oder jemanden stoßen
naklonost, posebna ljubav za nešto	Vorliebe, die
nalog	Auftrag, der
naprazno	umsonst; zwecklos
narediti	befehlen
narod	Bevölkerung, die
narukvica	Armreifen, der
navlače se oblaci	die Wolken ziehen herauf
ne moći skinuti oči sa nekoga	die Augen von jemandem nicht abwenden können
ne moći sklopiti ni oka	kein Auge zumachen können
neg / nego	sondern
neiscrpan (neiscrpna, neiscrpno)	unerschöpflich
nekoga preslušavati, ispitivati	jemanden verhören
neoprezno	unvorsichtigerweise
nesreća	Unglück, das
nevolja	Not, die; Notlage, Elend, Übel
nevreme / nevrijeme	Unwetter, das
nigdi / nigdje	nirgends, nirgendwo
nije joj bilo po volji	ihr war es nicht recht
nit, konac	Faden, der
nitko ne sazna	niemand erfährt (etwas) davon
nizati	auffädeln
njegov um je poremećen	sein Verstand ist verwirrt
nov novcat	nagelneu
nuz	neben, bei, entlang

O

obaviti	verrichten
obdariti	beschenken
obećanje	Versprechen,das
obratiti pažnju	(sich) in Acht nehmen
obući se, oblačiti se	kleiden (sich)
Odakle je on?	Woher stammt er?
odeća, odelo / odijelo	Gewand, das
odnikud / odnekud(a)	irgendwoher
odrasti	heranwachsen
odrišile / odriješiti	losbinden, freimachen
oduševljenje	Begeisterung
ogrtač	Umhang, der
oko	Auge, das
okup	Versammlung, die
On se ugodno osjećao.	Er fühlte sich wohl.
On se više ne sjeća.	Er erinnert sich nicht mehr.
On želi zaprositi djevojku.	Er möchte um die Hand des Mädchens anhalten.
Ona se ne želi ...	Sie will mit dieser ...
opanak	Opanke, die; der Riemenschuh
opomenuti (opominjati), podsetiti / podsjetiti	mahnen
oputa	Riemen, die
oriti se	erschallen, erklingen
osetljiv	empfindlich
osjećati	fühlen, empfinden
oslobodit	befreien
ostaviti	aussetzen
osvetiti se	rächen (sich)
oterati / otjerati	vertreiben
otkriti	entdecken
otkud (je) / odakle (je)	woher
otvoriti oči	die Augen aufschlagen
oženiti se, udati se	heiraten

P

pačati se	sich einmischen
pasti kome oko vrata	jemandem um den Hals fallen
peć	Ofen, der
peći, kuvati / kuhati	backen
pesma / pjesma	Gesang, der
pile	Kücken, das
plašiti se	fürchten (sich)
plata / plaća, nagrada	Lohn, der

plesti	flechten
pletenica	Zopf, der
podočnjaci (pl.)	dunkle Ringe
pogoditi	erraten
pokazivati se nakićen, pokazivati se u novoj odeći	stolzieren
pokisao (pokisla, pokislo)	tropfnass
pokloniti	schenken
pomračen	getrübt
poništiti, skinuti	aufheben
ponizan, pun poštovanja	ehrfurchtsvoll
popeti se	emporsteigen, emporklettern, hochklettern
posipati	streuen
poso / posao	Arbeit, die; Geschäft, das
postaviti uslov	eine Bedingung stellen
potajan, skriven; potajno, krišom	heimlich
povrediti / povrijediti	verletzen
poziv u pomoć	Hilferuf, der
pozvati	einladen
prečica / kratica, kraći put	Abkürzung, die
predlog / prijedlog	Vorschlag, der
predložiti, predlagati	vorschlagen; einen Vorschlag machen
pregledati	umschauen (sich)
pregršt	eine Handvoll
prehraniti, ishraniti	ernähren
preslušavanje, ispitivanje	Verhör, das
presrećan (presrećna, presrećno)	überglücklich
presti, ispresti	spinnen
presto / prijesto	Thron
pretvarati, pretvoriti	verwandeln
preživeti, preživjeti	überleben
prid sebe / pred sebe	vor sich hin
prihvatiti se (za nešto), biti pričvršćen (za što)	haften
prijedlog, predlog	der Vorschlag
priko / prijeko (ramena)	über (die Schulter)
primete / primijetiti / opaziti	bemerken; wahrnehmen
primiti	empfangen
princ	Prinz, der
princeza	Prinzessin, die
pripadati	gehören
prisluškivati	belauschen
pristati	einwilligen
pritvrditi	befestigen
privezati	binden
priznati	gestehen
probuditi se	munter werden
probuditi se	erwachen
procesija, svečana ophodnja	Prozession, die
pročuti se	umhersprechen (sich)
prolaziti	vorbeigehen
promišljavanje	überlegen
proterati / protjerati	verbannen
protiviti se	weigern (sich)
prozorčić	Fensterchen, das
prvorođeni	erstgeboren
pun mesec / pun mjesec	Vollmond, der
pust	öde
put	Reise, die

R

rado, voljno	bereitwillig
radost	Freude, die
rano, na vreme / na vrijeme	zeitig
raščupan	strähnig
rasplesti	losbinden
rasti	wachsen
razočaran	enttäuscht
razodiven / razodijeven	entkleidet, ausgezogen
razuman (razumna, razumno), pametan	verständig
rerna / pećnica	Backofen, der
riješiti se nekoga; otarasiti se	jemanden los werden
robinja	Sklavin, die
rogoza / rogoz	Schilf, das
rok	Frist, die

S

sačuvati	bewahren
sagnuti se	bücken (sich)
Samo da se na to pomisli, pozli ti	wenn man daran denkt, wird einem übel
sašiti, šiti	nähen
savladati se / svladati se	beherrschen (sich)
saznati	erfahren
ščepati	schnappen
seći drva / sjeći drva	Holz hacken
šepica / kapica	Kappe, die; Mütze
sevati / sijevati	blitzen

sići (odozgo)	herabkommen
sidne / sjesti	setzen (sich), Platz nehmen
sikira / sjekira	Beil, das
sititi / sjetiti (se)	sich erinnern
situacija, položaj, stanje	Situation, die; Zustand, der
skroman, pristojan	sittsam
slama	Stroh, das
slep / slijep	blind
slepilo / sljepoća	Blindheit, die
sluga	Diener, der
služavka	Dienerin, die
smelo / smjelo	herzhaft
smrzavati se	frieren
spustiti dole / dolje	herunterlassen, hinunterlassen
spustiti se, sići	herabkettern
starica	Alte, die
staviti	setzen; aufsetzen
staza	Pfad, der
stepenice	Treppe, die
što god / bilo što	was auch immer
Što god on učinio ...	was auch immer er tat ...
štogod / nešto	irgend etwas
strahovati za svoj život	um sein Leben bangen
straža	Wache, die
stražar	Wächter, der
strela / strijela	Pfeil, der
sturiti, zbaciti	wegschieben
sudbina	Schicksal, das
sultan	Sultan, der
sumrak	Abenddämmerung
suza	Träne, die
svatovi (pl.)	Hochzeitsgäste, die
sve je bilo slagano	es war alles gelogen
Svi su ga poznali.	alle kannten ihn
svila	Seide, die
svit / svijet	Welt, die; Erde; Menschen; Leute

T

tajanstven	geheimnisvoll
tajna	Geheimnis, das
temelj	Grund, der
tesati	zimmern
ticati (se)	angehen
tkati	weben
To se nje ne tiče.	Das geht sie nichts an.
trag	Spur, die
tražiti, zahtevati / zahtijevati	fordern
trbuh (život)	Bauch, der
trn	Dorn, der
Trnova Ružica	Dornröschen
trnovito grmlje	Dornengestrüpp, das

U

u potaji / kriomice	heimlich, geheim
ublažiti	mildern
ubosti se	stechen (sich)
Učini štogod za nju!	Tue irgend etwas für sie!
udariti	schlagen
udavača / nevjesta	Braut, die
uhvatiti	fassen
ulaz	Eingang, der
ulica, sokak	Gasse, die
upasti	stürmen
uplašiti se	erschrecken
uputiti	weisen, belehren,
senden	
uputiti se	sich begeben, sich auf den Weg machen
uslov, uvjet	Bedingung, die
usta, gubica	Maul, das
usuditi se	wagen
uvidili / uvidjeti / uviđati	einsehen; zur Erkenntnis gelangen
uvo / uho	Ohr, das
uvridio / uvrijediti	beleidigen, kränken
uzalud	vergeblich
užasan (užasna, užasno)	furchtbar
užasnut	entsetzt
uže	Strang
uzeti za ženu	zur Frau nehmen
uzo / uzeti	nehmen

V

veljeti / reći	sagen
venčanje	Hochzeit,die
vesti	sticken
veštica / vještica	Zauberin, die
vezir	Wesir, der
viječati; savjetovati se o čemu	sich beraten
vila	weise Frau; Fee, die
vino	Wein, der
vodeničar, mlinar	Müller, der
vodeničareva kćerka, mlinareva kćerka	Müllerstochter, die
vodeničarka, mlinarica	Müllerin, die

vran konj, vranac	schwarzes Pferd
vredan / vrijedan, marljiv	emsig
vreteno	Spindel, die
vrlina	Tugend, die

Z

zadovoljno	vergnügt (sein)
zagrejati / zagrijati	anheizen
zahvaliti se nekome	bei jemandem bedanken (sich)
zaklati	schlachten
zalipiti / zalijepiti	zukleben, verkleben
žalostan / tužan	traurig
zamahnuti	ausholen
zamka	Falle, die
zapovidíti / zapovjediti, naložiti	auftragen
zaprositi	werben; um die Hand anhalten
zapustiti	vernachlässigen
zaspati	einschlafen
zatvoriti	sperren
zavideti / zavidjeti	neiden
zavist	Neid, der
zavit / zavjet	Gelübde, das
zavjetovati se	ein Gelübde ablegen
zdila / zdjela	Schüssel, die
želeti nešto / željeti nešto	das Verlangen haben
želim ga se riješiti	ich will ihn loswerden
želja, čežnja, zahtev / zahtjev	Verlangen, das
želja, težnja, potreba	Lust, die
zemlja, država	Land, das
ženiti se	heiraten
zgrabiti	schnappen
zid	Mauer,die
zlatne žice	goldene Fäden, die
zlato	Gold, das
zloduh	ein böser Geist
zmaj	Drache,, der
zna / pozna-ti (-vati)	kennen

Deutsch - Serbisch

A

Abenddämmerung, die	sumrak
aber, doch, jedoch	al / ali
abgenutzt	istrošen, otrcan
Abkommen, das	dogovor
Abkürzung, die	prečica / kratica, kraći put
ablaufen	isteći / istjeći
alle kannten ihn	Svi su ga poznali.
alt, der Alte	mator(i) / star(i)
Alte, die	starica
angehen	ticati (se)
anheizen	zagrejati / zagrijati
Arbeit, die; Geschäft, das	poso / posao
Ärger, der	bes / bijes, ljutina
arm	jadan (jadna, jadno)
Armreifen, der	narukvica
auf Brautschau gehen	ići u prosidbu
auf die Welt bringen	doneti na svet / donijeti na svijet, roditi
auffädeln	nizati
aufheben	poništiti, skinuti
aufpicken	kljucati
Auftrag, der	nalog
auftragen	zapoviditi / zapovjediti, naložiti
aufzählen	nabrajati
Auge, das	oko
ausholen	zamahnuti
Ausrufer, der	glasnik, izvikivač
ausschleichen (sich)	iskrasti se napolje
aussetzen	ostaviti

B

backen	peći, kuvati / kuhati
Backofen, der	rerna / pećnica
bankrott sein	biti u stečaju; bankrotirati
Bauch, der	trbuh (život)
Bedingung, die	uslov, uvjet
Beet, das	leja / lijeha, gredica
befehlen	narediti
befestigen	pritvrditi
befreien	oslobodit
Begeisterung	oduševljenje
beherrschen (sich)	savladati se / svladati se
bei jemandem (sich)	zahvaliti se nekome

bedanken	
Beil, das	sikira / sjekira
beißen	gristi, ujesti
belauschen	prisluškivati
beleidigen, kränken	uvridio / uvrijediti
bemerken; wahrnehmen	primete / primijetiti / opaziti
benetzen	kvasiti
bereitwillig	rado, voljno
berühmt sein	biti poznat
beschenken	obdariti
bestaunen	čuditi se čemu / nečemu, diviti se nečemu
Bevölkerung, die	narod
bewahren	sačuvati
binden	privezati
blass	bled / blijed
blind	slep / slijep
Blindheit, die	slepilo / sljepoća
blitzen	sevati / sijevati
blitzschnell	munjevitom brzinom
Blüte, die	cvet / cvijet
Bogen, der	luk
Bote	glasnik
Braut, die	udavača / nevjesta
Brot, das	kruv / kruh / hleb
Brotkrümel, der	mrvice hleba / mrvice kruha / mrvice hljeba
bücken (sich)	sagnuti se

D

Dach,das	krov
Das geht sie nichts an.	To se nje ne tiče.
das Rätsel lösen können	moći riješiti zagonetku
das Verlangen haben	želeti nešto / željeti nešto
der Vorschlag	prijedlog, predlog
Die Arbeit nicht beginnen.	Latiti tog posla.
die Augen aufschlagen	otvoriti oči
die Augen von jemandem nicht abwenden können	ne moći skinuti oči sa nekoga
die Peitsche	bič, kandžija
die Schuhe waren bis nächsten Morgen abgenützt	cipele su bile drugo jutro otrcane
die Schuhe waren nicht widerstandsfähig	cipele nisu bile izdržljive
die Wolken ziehen herauf	navlače se oblaci
Diener, der	sluga
Dienerin, die	služavka
donnern	grmeti / grmjeti
Dorn, der	trn
Dornengestrüpp, das	trnovito grmlje
Dornenhecke, die	bodljikava ograda
Dornröschen	Trnova Ružica
Drache, der	zmaj
Dünger, der; im übertr. Sinn: das Miststück	đubrad, đubre
dunkle Ringe	podočnjaci (pl.)

E

Edelstein, der	dragi kamen
ehren; bewirten	častiti
ehrerbietig	ponizan, pun poštovanja
Eile, die	brzina, žurba
ein böser Geist	zloduh
ein Gelübde ablegen	zavjetovati se
ein wertvoller Stein	dragi kamen
eine Bedingung stellen	postaviti uslov
eine Handvoll	pregršt
einen Plan schmieden	kovati plan
einen Stoß geben	gurnuti
Eingang, der	ulaz
einladen	pozvati
einschlafen	zaspati
einsehen; zur Erkenntnis gelangen	uvidili / uvidjeti / uviđati
einsperren	zatvoriti
einwilligen	pristati
empfangen	primiti
empfindlich	osetljiv
emporsteigen, emporklettern, hochklettern	popeti se
emsig	vredan / vrijedan, marljiv
entdecken	otkriti
entkleidet, ausgezogen	razodiven / razodijeven
entsetzt	užasnut
enttäuscht	razočaran
Er erinnert sich nicht mehr.	On se više ne sjeća.
Er fühlte sich wohl.	On se ugodno osjećao.
Er möchte um die Hand des Mädchens anhalten.	On želi zaprositi djevojku.
Erbse, die	grašak
erfahren	saznati

ernähren	prehraniti, ishraniti
erraten	pogoditi
erschallen, erklingen	oriti se
erschöpft (sein)	iscrpljen
erschrecken	uplašiti se
erstgeboren	prvorođeni
erwachen	probuditi se
es war alles gelogen	sve je bilo slagano
es war einmal	bio jedared
essen	isti / jesti

F

Faden, der	nit, konac
Falle, die	zamka
fassen	uhvatiti
faulenzen	besposličiti, ljenčariti
Fensterchen, das	prozorčić
fern	daleki (daleka, daleko)
Fertigung, die	izrada
Fest, das	gozba, zabava
Flachs, der	lan
flechten	plesti
flicken	krpiti
Fluch, der	kletva, prokletstvo
fordern	tražiti, zahtevati / zahtijevati
Freude, die	radost
freundlich	ljubazan
frieren	smrzavati se
Frist, die	rok
fühlen, empfinden	osjećati
furchtbar	užasan (užasna, užasno)
fürchten (sich)	plašiti se
Futtertrog, der	jasle

G

Gabe, die	dar, talenat
Garten, der	bašta, vrt
Gasse, die	ulica, sokak
Gästezimmer, das	gostinska soba
Geheimnis, das	tajna
geheimnisvoll	tajanstven
gehören	pripadati
Gelübde, das	zavit / zavjet
Gesang, der	pesma / pjesma
gestehen	priznati
getrübt	pomračen
gewaltig	jak
Gewand, das	odeća, odelo / odijelo
Glatzkopf, der	ćelavac
Gold, das	zlato
goldene Fäden, die	zlatne žice
graues Pferd	kulaš, konj mišje boje
graues Pferd	kulatast konj
Großvater, der; der Alte; der Greis	dida / djed(a)
Grund, der	temelj

H

haften	prihvatiti se (za nešto), biti pričvršćen (za što)
Häuschen, das	kućica
heimlich	potajan, skriven; potajno, krišom
heimlich, geheim	u potaji / kriomice
heiraten	oženiti se, udati se, ženiti se
Henne, die; Glucke, die	kvočka
herabkettern	spustiti se, sići
herabkommen	sići (odozgo)
heranwachsen	odrasti
heraufziehen	dovući, izvući
herumirren	lutati, tumarati okolo
herunterlassen, hinunterlassen	spustiti dole / dolje
herzhaft	smelo / smjelo
Hilferuf, der	poziv u pomoć
Hirte, der	čobanče
Hochzeit,die	venčanje
Hochzeitsgäste, die	svatovi (pl.)
Hofdame, die	dvorska dama
Hofstaat, der	dvor
hold und gewogen sein	biti naklonjen
Holz hacken	seći drva / sjeći drva
Holzfäller, der	drvoseča / drvosječa

I

ich berate mich mit meinem Meister	ja moram tražiti savjet mog učitelja.
ich bin bankrott	ja sam bankrotirao
Ich mache mir nicht viel daraus.	Ja ne marim za to.
ich will ihn loswerden	želim ga se riješiti
ihr war es nicht recht	nije joj bilo po volji.
in Acht nehmen (sich)	obratiti pažnju
in Strömen regnen	liti kao iz kabla (kiša) / lijevati kao iz kabla

irgend etwas	štogod / nešto
irgendwoher	odnikud / odnekud(a)

J

Jäger, der	lovac
jemandem um den Hals fallen	pasti kome oko vrata
jemanden los werden	riješiti se nekoga; otarasiti se
jemanden verhören	nekoga preslušavati, ispitivati
jung; die Jugendliche	mlad; mladež
junges Mädchen	devojčica / djevojčica

K

Käfig, der	kafez (kavez)
Käfig, der	kavez
Kaiser, der	car
Kappe, die; Mütze, die	šepica / kapica
Kapuze, die	kapuljača
kein Auge zumachen können	ne moći sklopiti ni oka
keinen Groschen haben	biti bez novca
kennen	zna / pozna-ti (-vati)
Kieselstein, der	kamenčić
Kirche, die	crkva
kleiden (sich)	obući se, oblačiti se
klopfen	kucati (na vrata)
König, der	kralj
Königin, die	kraljica
Königssohn, der	kraljević, princ
Königstochter, die	kraljeva kćerka, princeza
Korb, der	korpa
Kuchen, der	kolač
Kücken, das	pile

L

Land, das	zemlja, država
legen, stellen, stecken	metniti / metnuti
Leiter, die	merdevine / ljestve
lieblich	mio, dražestan, drag
Lohn, der	plata / plaća, nagrada
losbinden	rasplesti
losbinden, freimachen	odrišile / odriješiti
Lust, die	želja, težnja, potreba

M

mahnen	opomenuti (opominjati), podsetiti / podsjetiti
Männlein, das	čovečuljak / čovječuljak
Maßnahme, die	mera / mjera
mästen	gojiti, toviti
Matratze, die	dušek
Mauer, die	zid
Maul, das	usta, gubica
merkwürdig	čudno
mildern	ublažiti
Morgenstern, der; Streitkolben, der	buzdovan
Müller, der	vodeničar, mlinar
Müllerin, die	vodeničarka, mlinarica
Müllerstochter, die	vodeničareva kćerka, mlinareva kćerka
munter werden	probuditi se

N

Nagel, der	čivija / čavao / ekser
nagelneu	nov novcat
nähen	sašiti, šiti
neben, bei, entlang	nuz
nehmen	uzo / uzeti
Neid, der	zavist
neiden	zavideti / zavidjeti
nicken	klimnuti glavom
niemand erfährt (etwas) davon	nitko ne sazna
nirgends, nirgendwo	nigdi / nigdje
noch	još
Not, die; die Notlage, das Elend, das Übel	nevolja

O

öde	pust
Ofen, der	peć
Ohr, das	uvo / uho
Opanke, die; der Riemenschuh	opanak

P

Perle, die	biser
Pfad, der	staza
Pfefferkuchen, der	kolač
Pfeil, der	strela / strijela